Aquí cada cual con sus cosas

YELLOW MELLOW

GUÍA PARA LA VIDA

,

Obra editada en colaboración con Editorial Planeta, S.A. – España

Imagen de la portada: © Gonzalo Muiño
Diseño de interior: María Jesús Gutiérrez
© Imágenes de interior: Shutterstock

Ediciones Temas de Hoy, sello editorial de Editorial Planeta, S.A.

Bajo el sello editorial TEMAS DE HOY M.R.
Avenida Presidente Masarik núm. 111, Piso 2
Colonia Polanco V Sección
Deleg. Miguel Hidalgo
C.P. 11560, México, D.F.
www.planetadelibros.com.mx

Primera edición impresa en España: febrero de 2015
ISBN: 978-84-9998-466-7

Primera edición impresa en México: mayo de 2015
ISBN: 978-607-07-2815-0

Impreso en los talleres de Litográfica Ingramex, S.A. de C.V.
Centeno núm. 162, colonia Granjas Esmeralda, México, D.F.
Impreso en México - *Printed in Mexico*

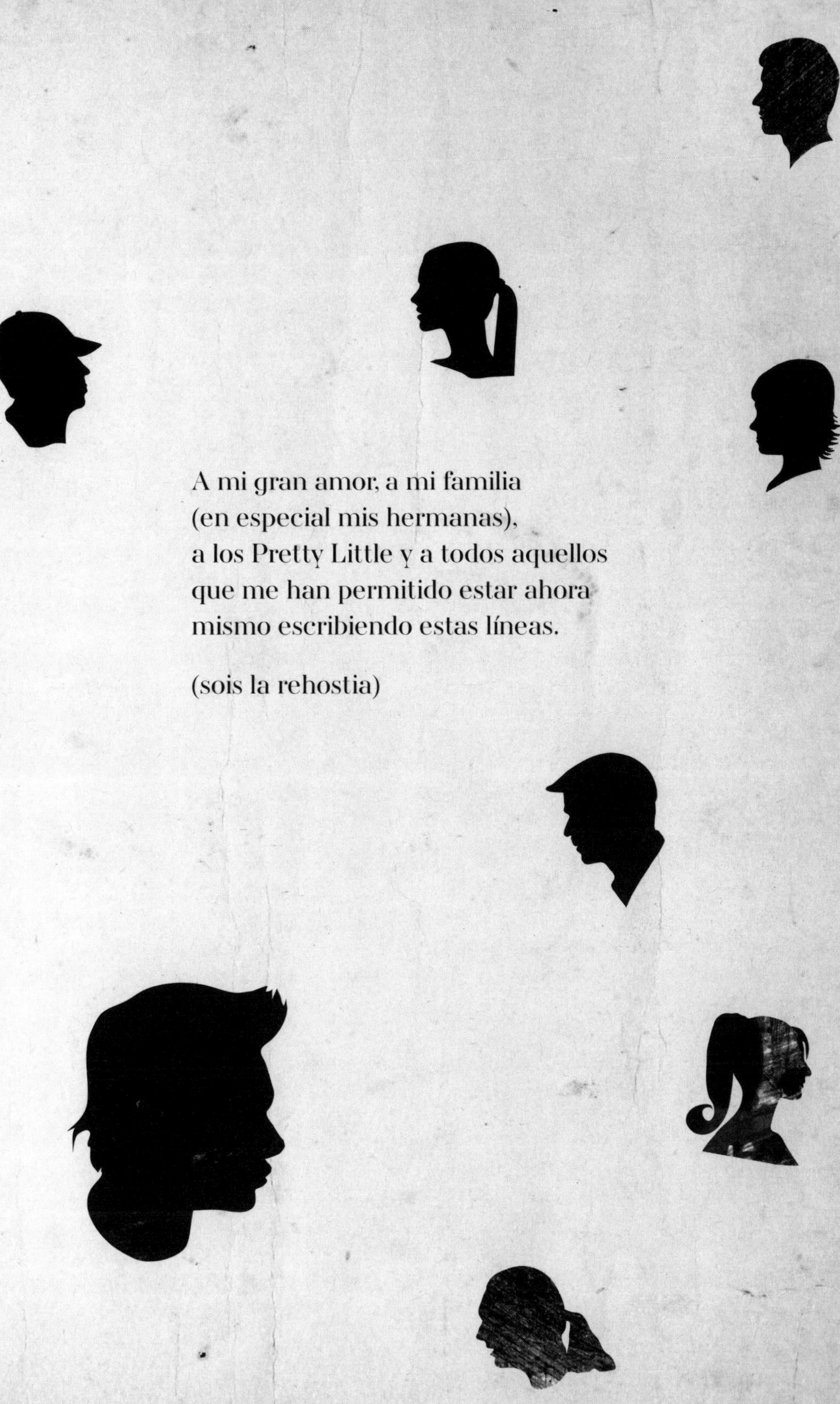

A mi gran amor, a mi familia
(en especial mis hermanas),
a los Pretty Little y a todos aquellos
que me han permitido estar ahora
mismo escribiendo estas líneas.

(sois la rehostia)

Índice

INTRO

Aquí cada cual con sus cosas... Es una frase que repito mucho, ya que es un poco mi filosofía de vida.

Cada cual tiene su forma de ver las cosas y de actuar y ninguna tiene por qué ser mejor que otra. Mientras no se haga daño a nadie, cada uno ya sabrá lo que se hace.

En este libro vengo a exponer mi visón sobre las cosas. Cosas cotidianas que todos, o la gran mayoría, hemos experimentado alguna vez. Creo, según mi experiencia como YouTuber, que mucha gente comparte mi misma opinión o al menos la entiende, con lo cual, espero al menos sacarte una sonrisita, que para eso estamos,

¿no?

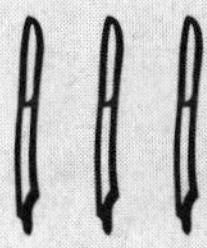

RUNNIN

Desde que el mundo
es mundo,
es algo por todos sabido
que hacer deporte
es bueno
para la salud.

Nueve de cada diez médicos

recomiendan una vida dinámica y una dieta saludable (el que no lo recomienda lo hace únicamente para llamar la atención, porque se siente solo después de un duro divorcio, pero ese es otro tema...).

Un mínimo de treinta minutos de ejercicio diario, beber muchísima agua cada día, usar las escaleras en vez del elevador y más cosas sanas son las que sugieren a toda la población.

Lo de los treinta minutos diarios, bueno, pase, pero lo de beber mucha agua o usar las escaleras en vez del elevador... Vamos a ver:

1. No somos camellos. Yo lo intento, de verdad que intento beber esos dos litros de agua diarios. Es sano, si es que lo sé, pero hay días que me resulta una odisea.

¿Sabes quién bebía dos litros de agua diarios?

HITLER.

2. ¿Usar las escaleras en vez del elevador? ¿Tú te crees que soy tonta? ¿Que pagamos la obra del elevador entre toda la comunidad porque somos así de buenos? Una cosa es que vivas en un primer piso o, si me apuras, en el segundo y digas «venga, va, un esfuercito»; pero dile eso de usar las escaleras a alguien que viva en el cuarto. Venga, chula, díselo.

Que sí, que un estilo de vida saludable es lo mejor para tu cuerpo y para tu mente. El problema no es que no lo sepamos, el problema es que

DA MUCHO PALO,[1]

hablando claro. Y el que esté libre de culpa, que tire la primera piedra, o lo que tenga a mano, ya que ir a por una piedra al parque sería demasiado esfuerzo.

A pesar del TREMENDO PALO que da, las cosas están cambiando últimamente. Uno de los motores que mueven el mundo (aparte del dinero que no tenemos porque lo tienen todo los políticos) es la moda. Y sí, ahora mismo el deporte está de moda. Los gimnasios están llenos de esperanzas y sueños por los que luchar...

«ESTE VERANO VOY A TRIUNFAR COMO LA ÚLTIMA MIGAJA QUE QUEDA EN EL PLATO».

«VOY A TENER LA ESPALDA MÁS ANCHA QUE EL SOFÁ DE MI CASA».

«¿CÓMO MIERDAS SE USA ESTA MÁQUINA?».

[1]PALO: pereza, desidia, fiaca, lo va a hacer Pirri.

Ves a todos tus amigos poniéndose en forma, comparando bíceps y cinturitas de avispa, mientras tú los escuchas con un sándwich de nutella en la mano. Te das cuenta de que esto no puede ser, así que, siguiendo el consejo de alguno de esos amigos

PUTOS LOCOS DE LA CABEZA,

te inscribes en el gimnasio con la esperanza de hacer lo básico: IR. ¿Cuánta gente está inscrita en el gimnasio? Mucha.¿Cuánta gente VA al gimnasio?

EXACTAMENTE EL 0.00000001%.

(Este dato puede ser inventado).

PERO BUENO,
INGENUAMENTE,
PIENSAS QUE ESTA VEZ
VA A SER LA BUENA,
QUE REALMENTE
SÍ QUE VAS A IR
Y TE VAS A PONER
EN FORMA.

Llegas al *gym* y el primer sitio que pisas es el vestidor. Aquí hay unas normas de comportamiento. No se puede ir así al tun tun. Tanto si eres hombre como mujer, te vas a encontrar nada más abrir la puerta con partes del cuerpo colgantes delante de ti. Esto ha sido así siempre y nunca va a cambiar. No sé si eres de esa gente a la que no le importa nada y se comporta como en el baño de su casa. A algunos sólo les falta hacer el helicóptero delante del espejo y a otras cantar en pelotas con la toalla en la cabeza y usando el peine como micrófono.

Lo importante en esa situación es ir a lo tuyo. Como si tuvieras esas cosas que les ponen a los caballos en los lados de los ojos, cuyo nombre me da palo buscar en Google.

Llegas al *locker* elegido y te das cuenta de que no trajiste candado, así que decides fiarte de la buena fe de la gente y la dejas cerrada, pero sin asegurar. Te preparas, pasas esa prueba de fuego

Y TE ADENTRAS EN LA JUNGLA DEL GIMNASIO.

Aquí encuentras de todo. Según mi experiencia, hay unos perfiles muy marcados de personas que van al gimnasio.

1. El clásico «fortachón». El *gym* es su vida. Si pudiera poner la cama ahí y hacer pesas mientras duerme, lo haría. Se suele colocar delante del espejo para admirar sus propios músculos mientras demuestra a todo el mundo la cantidad de peso que es capaz de levantar.

2. La «buenota». La típica chica a la que ves y te preguntas «¿PERO TÚ PARA QUÉ MIERDAS VIENES?».

3. El «abuelito». Ese señor que viene porque se lo mandó el médico. Normalmente estará en las cintas de correr, caminando a una velocidad que, si tú te pones en la cinta de al lado, lo adelantas sin entender por qué, ya que eso está completamente quieto.

4. La «señora». Esa mujer con ganas de vivir, con una vitalidad a su edad que ya la quisiéramos muchos. Nunca viene sola. Las «señoras» se mueven en manada y normalmente se sitúan en las elípticas hablando de todo y nada con voz aguda y risas estridentes.

5. Tú. El *tonto* o la *tonta* de turno que ha decidido quitarse esos kilitos de más. Esas donas del desayuno. Ese trocito/toda la barra de chocolate por la noche. Ese sándwich de nutella. Todos somos tú. Tú eres todos. ¡¡A MIS BRAZOS!!

Sí, amigos... El deporte está MUY de moda.

Pero hay uno que destaca por encima de todos. Actualmente, lo que está de moda es

el *RUNNING.*

Sí, dije *RUNNING*. Y lo digo en inglés porque es como se dice. Que se te ocurre decir que

VAS A SALIR A CORRER

y te arrancan los ojos y te los dan de comer:

(Un poco bestia, pero es que esto va así).

Si hay algo muy claro es que cualquiera puede «salir a correr», pero no todo el mundo es capaz de practicar el «running». Sabrás el porqué con estas dos listas que te escribo a continuación

COSAS QUE NECESITAS PARA **"SALIR A CORRER":**

- ✓ Zapatillas/Bambas/Tenis (como lo quieras llamar).
- ✓ Una camiseta o sudadera, dependiendo de las condiciones atmosféricas.
- ✓ Unos pantalones (si estás empezando con el objetivo de perder peso, ni se te ocurra llevar *shorts* de esos supercortos; te rozan los muslos y es una tortura... Consejo de amiga).
- ✓ Algo para hidratarte (vale con la fuente del parque, esa que usan los niños para llenar sus globos de agua).

Y YA ESTÁ.

página 1 y se acabó

Ahora empieza lo bueno...

COSAS QUE NECESITAS PARA **"PRACTICAR *RUNNING*"**:

✓ Zapatillas/Bambas/Tenis de colores imposibles. De preferencia de alguna marca superconocida y con la suela térmica ultraligera que no deja pasar el agua pero sí deja salir el sudor, que se adapta a la forma de tu pie, reconoce el terreno, tiene un sensor que cuenta los pasos y te prepara el desayuno por las mañanas.

✓ Una camiseta térmica que te refresca cuando hace calor y te calienta cuando hace frío. Preferiblemente con algún lema motivador, en plan

«Todo es posible»

o «Corre como el viento, campeón».

Imprescindible que combine con las zapatillas/bambas/tenis.

✓ Pantalones ergonómicos con sensación térmica, también ultraligeros (si eres hombre, vienen con relleno para posibles ligues mientras se practica *running*). También puede llevar incorporado un pequeño lema motivador, normalmente que combina con el de la camiseta: «O bueno, casi todo... volar no es posible» o «Yo lloré con Toy Story 3».

✓ Cantimplora o botella de formas aerodinámicas para no perder velocidad cuando quieras beber. Tiene que contener alguna bebida isotónica. No puede estar llena de agua. De hecho, si la llenas de agua, explota. (Esto puede no ser verdad. Igual estoy exagerando un poquito. O no, no lo sé, nunca lo he intentado, por precaución) .

✓ Cinta para el sudor y/o el pelo. También se puede llevar una gorra, pero tiene que ser al revés. De nuevo, o bien la cinta tiene que ser de colores imposibles o debe contener algún mensaje motivador, como por ejemplo: «Lo que ponga en la camiseta».

página 2

✓ Celular para escuchar música y (ESTO ES MUY IMPORTANTE) para tomar fotos del antes, el durante y el después del *running*. No queremos que el entrenamiento pase desapercibido en redes sociales. Se tiene que enterar todo el mundo. Es el deber del *runner*. De hecho, creo que no compartir el entrenamiento está penado con la muerte según la Ley del *runner*. (No garantizo que dicha ley exista). Además, estas fotos tienen que tener unas características específicas:

- FOTO DEL ANTES: es obligatorio que esta foto sea de los tenis que vayas a usar para correr. Si eres de un nivel más avanzado, puede aparecer también el resto del equipo que vas a emplear.

- FOTO DEL DURANTE: hay dos posibilidades. O bien es del paisaje con una frase del tipo «El esfuerzo merece la pena», o te la haces a ti mientras corres. En este caso, la frase tendría que ser en plan «No Pain, No Gain» o algo así.

- FOTO DEL DESPUÉS. Tu cara sudada, captura de pantalla de la aplicación que muestra tu progreso, tus pies con los tenis llenos de tierra, alguna herida que te hayas hecho. Estas son sólo algunas de las posibilidades que tienes. Todo depende de tu nivel de postureo.

✓ Aplicación de ***running*** en el ya mencionado celular, para medir los kilómetros (o millas, si eres un *running* superpró con un máster en postureo supremo), calorías, pulso y cacas de perro pisadas. Esto también es ABSOLUTAMENTE IMPRESCINDIBLE: compartir en todas las redes sociales.

Seguramente hay más cosas, pero sólo los más iniciados en el mundo del *running* las conocen.

Yo soy una simple observadora como tú o como el vecino mirón que te espía mientras te pones el piyama.

página 4

O bien sales a correr o practicas *running,* tú eliges, eres libre. Nadie te va a juzgar si eliges un camino u otro, aquí cada cual con sus cosas. La que te va a juzgar seguramente sea tu cartera, ya que me temo que el asunto del *running* la va a dejar seca. Con tanto cachibache al final pareceremos el Doctor Octopus.

Eso sí, lo que está claro es que, si te persigue un perro con rabia y ramalazos de zombi, lo que vas a hacer no es precisamente *running.*

Vas a "salir por patas a toda hostia".

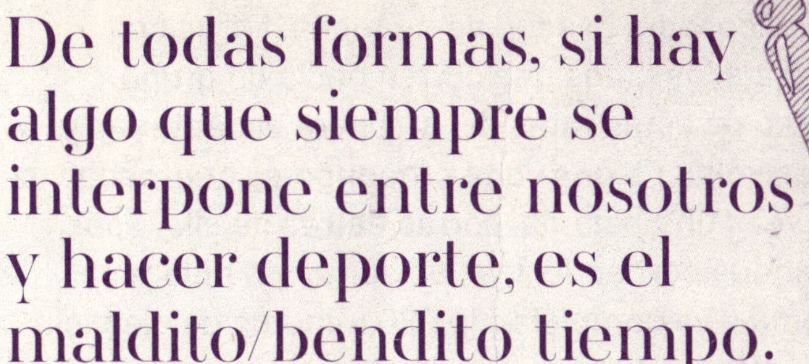

De todas formas, si hay algo que siempre se interpone entre nosotros y hacer deporte, es el maldito/bendito tiempo.

No tenemos tiempo, o al menos creemos no tenerlo. Vivimos tan a tope que parece que vamos todo el día corriendo, y nos da la sensación de no tener un minuto ni para comer. Es normal, entonces, que no metamos el gimnasio entre las principales actividades del día. Todo el mundo sabe que jugar con el *play* es muchísimo más importante.

Por este motivo, quiero ofrecer algunas alternativas al gimnasio que están al alcance de cualquiera. Actividades que podrías realizar en tu día a día sin tener que reemplazar ninguna otra. Ahí van mis sugerencias:

1. Pasear en un barrio peligroso. En lugar de tomar el camino de siempre, intenta pasar por las zonas más inseguras de tu ciudad. En algún momento, o bien por propia paranoia, o porque realmente pase algo, vas a tener que correr.

2. Espantar palomas. Va, reconócelo, es algo que siempre quieres hacer, pero por los malditos protocolos sociales nunca haces. Eres mayorcito/a y esas cosas a tu edad ya no tocan. Miras con envidia a los niños que corren hacia un grupo espeso de estas ratas del aire para espantarlas y verlas volar. Lo que yo te propongo es que, cada vez que veas una paloma, corras detrás de ella. Esos segundos corriendo, los vas sumando paloma a paloma y ya completan los 30 minutos de ejercicio diario. Segurísimo.

3. Meterte embutido dentro del pantalón. Esto tiene un motivo de peso. Cuando vayas por la calle, cada perro que veas querrá perseguirte. Con suerte, uno de ellos tirará con tanto ímpetu de su amo, que se escapará y EN ESE MOMENTO empieza lo bueno. Tendrás que huir con todas tus fuerzas. Enhorabuena, estás haciendo deporte.

4. Esperar a que las puertas del metro estén a punto de cerrarse. Esto lo haces a unos 20 metros del vagón: además del ejercicio, entras de manera heroica en él. Todo son ventajas.

5. Irte sin pagar. Cuando vayas a tomar algo y llegue el momento de irse, no pagues: ¡corre!

6. Ir a una manifestación. Sea de lo que sea, la policía querrá pegarte, así que no tendrás más opción que correr para salvar tu cuerpo de moretones indeseados.

Estas son sólo algunas sugerencias.

Cada uno puede hacer lo que más le convenga en función de su estilo de vida. Incluso puedes olvidarte completamente del deporte y abrazar tus imperfecciones. Todos las tenemos, aunque intentemos ocultarlo continuamente. A menos que se trate de un problema de salud y el deporte sea tu única solución, haz lo que tú creas necesario, oye. A ver si ahora, además de mandar en nuestros sueldos, nuestras casas, nuestros estilos de vida, las cosas que compramos, la ropa que vestimos, las maneras de hablar, los horarios, las formas de pensar y de relacionarnos, van a mandar también en nuestro estilo de vida... .

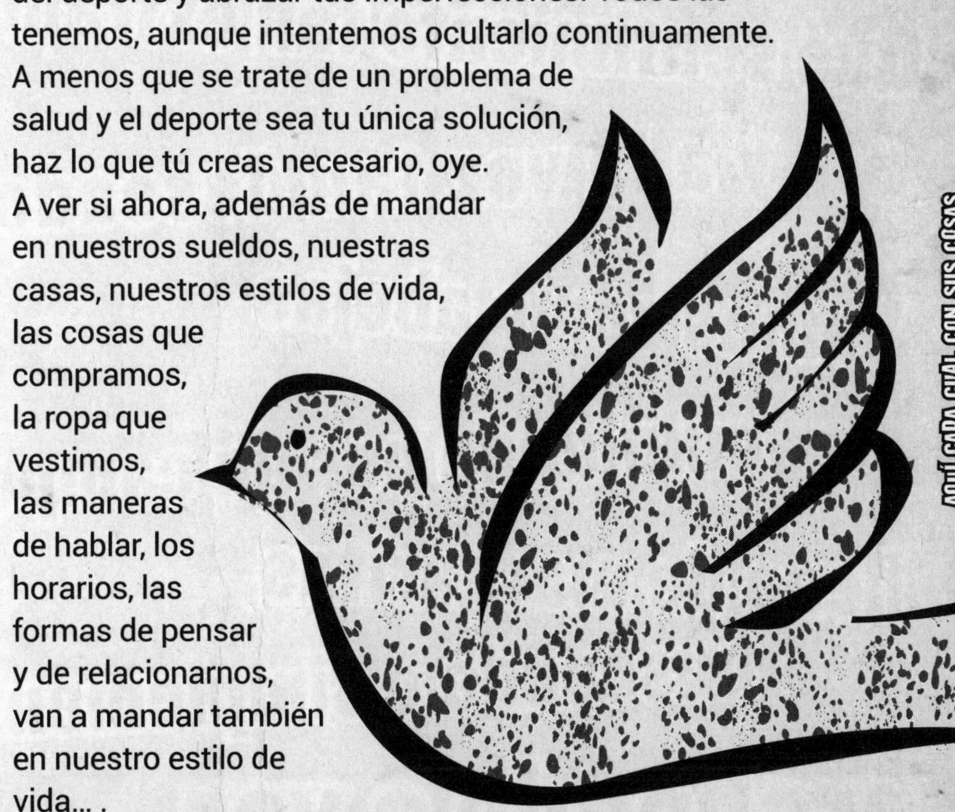

OH, ESPERA, QUE EN ESO SÍ MANDAN... PUES ENTONCES ¡A LA MIERDA!: YO QUIERO SER UNA PALOMA.

EL AMOR

Qué sentimiento tan extraño
y a la vez tan deseado.
Vamos como abejas
pululando por un campo
lleno de margaritas,
buscando o simplemente
probando a ver
cuál nos gusta más.

Y ESAS TONTERÍAS

Algunos dicen no necesitarlo, otros lo buscan desesperadamente.

El amor nos mueve. Amor por tu trabajo, por tu ciudad, por viajar, por crear...

Pero aquí venimos a hablar del amor del bueno: amor por el chocolate. ÉL NUNCA TE ABANDONA NI TE HACE SUFRIR. A menos que seas alérgico/a a las almendras y comas chocolate con almendras por error. En ese caso, sufrirás. Pero por lo general, lo único que te da son alegrías. Bueno, en realidad no hemos venido a hablar de ese amor, aunque podría dedicarle la Biblia entera. Quiero hablar del amor convencional. El amor que nos trae a todos por el camino de la alegría o la amargura.

Se habla de amor en las películas, en los libros, en las series y EN TODAS Y CADA UNA DE LAS CANCIONES POP. En serio, ¿acaso no hay más temas? Vale que vende y eso, pero es que ya hemos conocido todas las formas de amor habidas y por haber, según las canciones que suenan en la radio. Algunos componen canciones cuyos temas van únicamente de amor. ¿No se cansan? ¡Que hay más sentimientos, carajo! ¿Por qué no se hacen canciones sobre la frustración que sientes al tener que moverte del sofá habiendo encontrado la postura perfecta?

¿Y qué hay de la alegría que te desborda al encontrar un billete abandonado en un pantalón que hace tiempo que no te ponías?

De ahí se pueden sacar siete baladas, dieciséis canciones pop y una de Death Metal.

En fin, en algún momento de tu vida experimentarás el amor, o ya lo has experimentado o lo estás experimentando. Hablemos de eso.

El amor puede salir de muchas situaciones distintas e inesperadas. Digamos que conociste a alguien en una discoteca, en un bar, en la playa, en el sofá de tu casa (esto último sería muy extraño, ya que por costumbre, si hay alguien en el sofá de tu casa, suele ser una persona conocida, pero, oye, aquí cada cual con sus cosas), y decides quedar con esa persona un día cualquiera, para tomar un café, una cerveza o lo que sea que tú bebas. Igual bebes cianuro porque descubriste que eres inmune y, ya sabes, *p'hacerte el chulo*.

AMIGO, AMIGA, AMIGUI... ESTÁS EXPERIMENTANDO LO COMÚNMENTE CONOCIDO COMO **«PRIMERA CITA»**. ALGO QUE ESTREMECE AL MÁS TÍMIDO Y EXCITA AL MÁS ATREVIDO. TODOS HEMOS EXPERIMENTADO ESA SITUACIÓN EN ALGÚN MOMENTO DE NUESTRA VIDA.

Esos nervios del antes, los silencios incómodos del durante y la mente atontada del después.

Hay muchos tipos de primeras citas. Puede salir muy bien o puede ser el *epic fail* más *epic fail* de toda la historia de los *epic fails.*

Vamos a estudiar estos tipos en la siguiente lista proporcionada por expertos de la Universidad de Stanyorkharvoxforduquerque (esta universidad podría ser inventada. A ver, es inventada, pero, quién sabe..., igual hay un lugar en el mundo que tiene una universidad con ese nombre. Yo no he estado en todas partes y voy a atreverme a suponer que tú tampoco, así que aquí nadie puede demostrar que sea falsa. Silencio).

TIPOS DE PRIMERAS CITAS:

✓ La famosa «cita a ciegas». Dícese de la cita que se tiene con alguien a quien no has visto en tu vida. Suele darse esta situación tras haberse conocido en alguna página de Internet o similar. Si tú eres un chico y vas a conocer a esa rubia despampanante con quien compartes gustos, es muy probable que esa preciosa chica rubia sea un señor de 52 años al que deberás denunciar inmediatamente a la policía (porque si vas a denunciarlo al panadero no tendrá ningún efecto). Si eres una chica y vas a conocer a ese guapísimo romántico y atento, probablemente sea el mismo señor de 52 años, y te preguntarás entonces por qué carajo sigue libre si aquel chico lo denunció meses atrás... (seguramente es porque aquel chico lo denunció al panadero). Porcentaje de éxito: 3%.

La cita de «vamos a probar». Aquella que tienes con una persona que conociste en una situación como las que comenté al principio de todo (discoteca, sofá de tu casa, etc.). La titul... Perdón, los expertos de la Universidad de Stanyorkharvoxforduquerque la titularon así porque es exactamente el motivo por el cual tienes esta cita. No esperas gran cosa, ya que no conoces mucho a esa persona, pero quieres probar a ver qué tal. No tienes nada que perder, vas a lo loco, viviendo la vida al límite. Lo mejor de este tipo de citas es que no tienes expectativas creadas, (lo cual suele provocar decepciones). Es como cuando vas a ver una peli que te han dicho que es la rehostia envuelta en caramelo y, claro, luego viene el llanto. Pues lo mismo. El inconveniente que puede tener esta cita es que aquella noche que conociste a la persona, quizá tu estado se encontraba alterado por algún tipo de sustancia que consumiste (suele ser el hielo, que a veces sienta mal), con lo cual, la percepción que tienes de ella puede estar totalmente equivocada. Prepárate para las sorpresas. Porcentaje de éxito: 50% (o te gusta o no, si es que no hay más).

✓ «Speed dating». Esto que sólo hemos visto en las películas y que prácticamente nadie ha experimentado. Dudo mucho que tú, que estás leyendo esto, hayas decidido por tu propio pie ir a un lugar con gente desconocida, mesas repartidas por la sala y alguien que toca la campanita cuando llega el momento de cambiar de pareja. Oye, que si lo has hecho, bravo por ti, nadie te juzga, eres libre..., aunque reconoce que es un poco raro. En serio, ¿alguien que no sea una chica de Nueva York con el corazón dañado, mona pero no extremadamente guapa, graciosa y con una amiga muy echada *p'alante* que la anima a tener citas con gente estrafalaria hasta que se da cuenta de que el chico de sus sueños ha estado siempre ahí, pero estaba demasiado ciega para darse cuenta, ha ido alguna vez a una cosa de estas? (Que alguien me dé el Record Guiness a la pregunta más larga del mundo, por favor). Porcentaje de éxito: NS/NC. En serio, ni idea, no soy de Wisconsin.

✓ La cita «normal». La de toda la vida. La de chico conoce chica; chico conoce chico; chica conoce chica..., y no sé qué más posibilidades de encuentros existen. Se hablan, se gustan, así que deciden quedar para tomar un café y lo que surja. Hay predisposición por ambas partes, por lo que suele salir bien la cosa, a menos que de repente una de las personas confiese ser adorador de Hitler o, LO QUE SERÍA UNA HECATOMBE MUNDIAL: político. Porcentaje de éxito: 80%.

Está claro que estos tipos de citas son los más conocidos, pero habrá de todo, como siempre. En general, generalizar es un error.

Hablemos ahora de los protocolos que se suelen seguir en una primera cita.

Está claro que todo depende de cómo seas tú o la persona que te acompaña, pero hay una serie de reglas que creo que se deberían seguir, o al menos tener en cuenta.

1. VESTIMENTA

¿Cómo te quieres mostrar? Lo más recomendable siempre es vestirte tal y como te vistes siempre. La primera impresión es lo que cuenta y no queremos que la persona que nos gusta piense que somos de la realeza o, en el otro extremo, pordioseros (siempre me ha gustado esta palabra... «pordiosero»). Tampoco hay que pasarse de original. Un traje de buzo, por ejemplo, no sería la mejor elección. ¿Que no dejarías indiferente? En eso te doy la razón, pero buscamos otro tipo de impacto. Un impacto que no provoque que nuestro acompañante lance una bomba de humo cual Ezio en *Assassin's Creed* y huya despavorido/a.

...¿SÓLO ME HA PASADO ESO A MÍ?

OK, OK...

2. PEINADO

En cuanto al peinado, todo es válido mientras sea algo con lo que te sientas a gusto. Si resulta que para ti lo cómodo es llevar una peluca afro de color rosa, pues oye, adelante. Si no le gusta, al menos unas risas se echa, seguro. Ahora, si realmente te pasa eso, permíteme decirte que eres un poco rarito/puto amo.

Si eres de los míos y no te peinas, enhorabuena, una cosa menos de la cual preocuparte.

3. MAQUILLAJE

CHICAS: MIREN, HAGAN LO QUE QUIERAN, PERO, POR LA VIRGEN DE LA TETA AL HOMBRO, NO SE MAQUILLEN COMO SI HOMER HUBIERA IRRUMPIDO EN SU CASA Y LES HUBIERA APUNTADO CON SU ESCOPETA MAQUILLADORA.

De verdad, no hace falta.

Es horrible a la par que desagradable, a la par que «traigo aquí un poco de ácido y te lo echo a la cara, será mejor». Algo sencillito, bonito, fino. No es agradable dar dos besos a alguien que tiene un kilo de maquillaje en la cara y tener que disimular para limpiarte luego.

Chicos: Por norma general sé que no se maquillan, pero si lo hacen..., bueno, no lo hagan.

Si por mí fuera, no se tendría que maquillar nadie. Yo, personalmente, no lo hago, y eso que me ahorro. Aparte de caro, soy de las que se olvidan que llevan rímel (las cuatro veces al año que llevo) y se rasca los ojos con avaricia, con su desastroso resultado.

4. COMIDA

Lo normal es quedar para tomar algo, comer o cenar. Siempre da lugar a buenas conversaciones. Uno enfrente del otro, visión directa que puede dar pie a buenos contactos visuales o gotas de saliva involuntarios en toda la cara. Si se queda para comer o cenar, hay una ley no escrita sobre los alimentos que no se pueden probar en una primera cita. Es una ley no escrita porque básicamente me la acabo de inventar, pero creo que es muy válida, por eso la comparto contigo a continuación:

- ENSALADA. Sí, es sano y muy rico, pero no es la mejor opción. Esas hojas de lechuga rebeldes que quieren investigar tus mejillas antes de entrar en la boca, esos tomatitos cherry que salpican al morderlos, esa posible salsa que se queda en las comisuras de la boca... No. Definitivamente, no es una buena opción. Además del durante, la ensalada tiene peligro incluso después de haberla terminado, ya que puede que un cachito de esa hoja de lechuga rebelde haya decidido quedarse un ratito más. Concretamente en un diente. Así que tú decides...
- HAMBURGUESA. Comerte una hamburguesa en la primera cita es poner al descubierto completamente a tu ser más primitivo. Eso no lo queremos, repito: no lo queremos. Se come con las manos, a *bocados*, tiene lechuga, salsa, chorrea, se desmonta... Es un NO como una catedral. Si vas a un sitio de hamburguesas, pides cualquier otra cosa. Sí, lo sé, es una locura, pero te tienes que sacrificar. ES LEY.

- COSAS CON CEBOLLA O AJO. ¿Te tengo que explicar el motivo? Un mal aliento es una de las principales causas de desmayo y deforestación de los bosques. Ni tala ni talo. Llega un tío con mal aliento haciendo *running* por un bosque y mata a todo ser vivo que se encuentre en 3 km a la redonda.

CRUELDAD.

La lista podría extenderse mucho, eso ya depende de cada persona... Si eres intolerante a la lactosa, si no aguantas el picante, si tienes alergia a según qué alimentos, etc. La cuestión es no intentar exagerar más de la cuenta para impresionar, porque la cosa se puede torcer y provocar una larga visita indeseada al señor Roca. Más de uno ha querido hacerse el héroe y aceptar de buena gana ese restaurante indio vegano donde lo menos picante es equivalente al fuego más ardiente del averno.

Lo hemos visto en muchas comedias románticas, y todo el mundo sabe que esas pelis son UN FIEL REFLEJO DE LA REALIDAD.

Y ahora que me sacas el tema, quería hablar también de esto. Ese tipo de películas son responsables de millones de decepciones diarias. Nos enseñan una falsa realidad y luego viene el llanto, joder. De verdad que no entiendo cómo los creadores de dichas películas pueden dormir por la noche, sabiendo que crearon unas esperanzas completamente efímeras en los espectadores. Hay muchos clichés con los primeros encuentros entre dos personas. Hablemos de ellos, que para eso estamos aquí. ¿Tienes algo mejor qué hacer? Seguro que sí y por eso te agradezco que estés leyendo esto ahora mismo. En este momento, esté donde esté, estoy sintiendo que estás leyendo estás líneas y me está dando un calambre por ello. Imagínatelo. Eres cruel.

Volvamos al tema.

En las películas nos venden mucho lo del

«amor a primera vista»,

y vamos a ver, hablemos claro: eso no es amor.

Eso son ganas de secuestrar a la persona que tienes delante. El amor viene después. Si de verdad crees en el amor a primera vista, TE RETO a que te cases con aquella persona que creas que te lo provoca. Sin conocerla ni nada, a lo loco. VENGA, CHULA..., VENGA, CÁSATE. ¿A que no hay ganas? Pues eso. No existe. El amor a primera vista tendría que llamarse «vamos ya a tu casa o a la mía, que me muero».

«¿VES A ESA CHICA?
AÚN NO LA CONOZCO, PERO ME VOY
A CASAR CON ELLA»,

dijo nadie, en ningún lugar, nunca.

Hay muchos tipos de situaciones en los que aflora este tipo de amor en las películas, pero sin duda, el más usado de todos es ese choque entre dos personas sin querer, seguido de un roce de manos al haberse agachado los dos individuos en cuestión para recoger los posibles apuntes, la compra, el bolso o lo que sea que llevara una de las dos personas. En el momento del roce es cuando se produce el encuentro de miradas. Aquel que va a provocar que Cupido lance la flecha más certera hacia el corazón envuelto de arcoíris de nuestros protagonistas. Acto seguido hay un balbuceo estúpido y..., bueno, ya sabemos cómo acaba la peli.

¡¡¡VENGA, Y QUÉ MÁS. ESO NO PASA EN LA VIDA REAL.

QUE NO NOS ENGAÑEN. FRAUDE. ESTAFA!!!

Choca contigo un desconocido tirándote todo lo que llevabas entre manos y te cagas en su estampa y en toda su maldita descendencia. Y como lleves apuntes y haga viento, ya no respondes. Me vas a decir que no... NO ME DIGAS QUE NO. SÉ QUE ESTÁS PENSANDO EN DECIR NO, PORQUE A TI NO TE VAN LAS NORMAS Y HACES LO QUE QUIERES, PERO NO DIGAS QUE NO, MALDITA SEA...

Ya me calmo, ya...

Existen los conocidos «enamoramientos del metro», pero de eso hablaremos en otro capítulo. (¿Has visto cómo creo *hype*? ¿Has visto? Esto son años de práctica.)

Digamos que ya encontraste el amor, de una forma u otra. (Si encontraste el amor tal y como lo hacen en las pelis, por favor, búscame y cuéntamelo. No te voy a dar mi teléfono porque puede que seas un asesino o asesina en serie con tintes de caníbal y la verdad es que paso de arriesgarme.)

Encontraste aquello que todo el mundo desea y estás en esa época que para ti es fantástica y maravillosa, pero para el resto del mundo es repulsiva. Esa época en la que para ti todo son caminos de flores, mariposas en el estómago y demás referencias a la naturaleza, cuando en realidad lo que hay son los caminos de cemento o asfalto de toda la vida y gases. Sí, GASES. Hablemos claro de una vez.

Todos nos echamos pedos. Todos. Quien diga que no, una de dos, o miente o tiene que ir al médico por explosión inminente.

Bien, habiendo dejado esto claro, hay una cosa que me gustaría comentar. Creo que nos preocupa a todos y toda persona viviente lo ha experimentado.

Al principio de una relación, además de sentimientos y emociones varias, lo que tienes es un

JODIDO DOLOR DE BARRIGA POR AGUANTARTE LOS PEOS.

¡POR DIOS, QUE ALGUIEN INVENTE ALGO PARA EVITAR ESAS SITUACIONES!

Imagínate... llevan pocos días saliendo juntos y están los dos viendo una peli en el sofá y de repente notas cómo algo va creciendo en ti y va descendiendo hacia donde no da el sol. La fuerza que uno tiene que hacer para evitar la hecatombe no está escrita ni valorada. Ese *peo* que quiere salir pero se siente oprimido y censurado. Ese *peo*... ¿Dónde va ese *peo*? No ha salido por ninguna parte, pero parece que se ha ido y tú respiras con alivio mientras tu barriga aguanta el sufrimiento como una campeona.

Lo peor es cuando ya no aguantas más y decides arriesgarte. Te relajas un poquito y te sueltas silenciosamente.

Pasan unos segundos y OH. DIOS. MÍO. LA MUERTE HA LLEGADO SIN AVISAR.

En ese momento tu única opción es mirar hacia todos lados para echarle la culpa a la persona más cercana. Si no hay nadie cerca, a alguna cloaca. Si no hay cloaca, asume la culpa y que sea lo que Dios quiera.

El tema de los *peos* puede parecer muy divertido y tal (en serio, un *peo* siempre será gracioso, por mucho que te guste el humor inteligente o seas la persona más culta del mundo...), pero es algo serio. Puede marcar el antes y el después de una relación. Sabes que ya tienes total confianza con una persona cuando puedes peerte sin problemas delante de ella. Ahí empieza la diversión con cosas como peerte en la cama e intentar tapar a tu pareja para que inspire profundamente toda su esencia, acto conocido como «HORNO HOLANDÉS».

La imaginación de cada uno juega un papel importante en este tipo de juegos relacionados con *peos*. Y ahora es cuando me doy cuenta de que no sé cómo ni por qué estamos hablando de *peos* e intentamos retomar la temática de este capítulo como si nada de esto hubiera pasado.

Como ves, la vida en pareja puede ser dura. Es muy bonito todo, pero convivir con una persona no es tarea fácil. Ambas partes tienen que aprender a adaptarse a las costumbres del otro, cosa que no siempre es agradable. Puede que de repente descubras una manía de tu pareja que no soportas, como por ejemplo que las notas que te deja escritas en el refrigerador las escribe con sangre para darles relevancia. ¿No te ha pasado nunca? Seré yo, que me he encontrado con gente muy rara...

Sea como sea, siempre vale la pena probarlo. Si tienes la suerte de encontrar a aquella persona que te haga sentir todo lo bonito, felicidades. Si aún no lo has hecho, no te preocupes... SIEMPRE llega. Incluso cuando no quieres que llegue. Creo que ahí está la clave: no buscar, no esperar, dejar que ocurra, dejar que fluya.

Let it be, decían Los Beatles.
Relax, take it easy, dice MIKA.
No rayarse, dice la Yoli.
Cuánta razón tiene la Yoli...

CÓMO NO DORMIR

Leyendo el título, puedes estar pensando cosas como «¿De esto va este capítulo? ¡Menuda tontería!...», creo que es algo que todo el mundo sabe, ¿no?; no veo la necesidad de comentar nada al respecto.

SE

EN CLASE/EN EL TRABAJO

¿Las naranjas se llaman así por el color o el color se llama así por las naranjas?». Bien, tengo respuesta para dos de esas tres preguntas.

Lo de las naranjas es algo que necesita varios años de investigación para luego darte cuenta de que has malgastado tu vida en una tontería supina.

1. Sí, este capítulo va de esto.
2. No, no todo el mundo sabe cómo NO dormirse en clase o en el trabajo.

* NOTA IMPORTANTE:
(Para empezar, no estamos hablando de la narcolepsia. Eso es un tema serio que no trataremos, ya que aquí no estamos para tratar temas serios.)

Esto va de ese maldito sueño repentino que aparece en momentos inoportunos. Yo personalmente he sufrido lo de tener un sueño increíble en clase. Recuerdo que era una de historia, y el profesor tenía una voz suave y monótona. La lucha que libraban mis ojos, mi mente y mi cuerpo era digna de la peli *300*. Mis ojos eran Leónidas, mi mente era Efialtes (el deforme traidor hijo de una mala pécora) y mi cuerpo era el mensajero cuyo nombre no recuerdo pero que interviene en la mítica escena de

«¡ESTO... ES... ESPARTAAAAA!».

SE SUFRE MUCHO en esta situación. Estás intentando no dormirte, pero no puedes evitarlo. Tú en realidad lo que quieres es dejarte caer en los dulces brazos de Morfeo, pero tienes a un profesor taladrándote la cabeza con cualquier historia sobre personajes que olvidarás en cuanto acabes la escuela o la universidad. O si estás en el trabajo, tienes un jefe controlándote o un cliente delante de ti esperando a que reacciones a su petición. No es tarea fácil, amiguis.

El que no haya sufrido esta situación, que tire el primer misil nuclear.

(Lo de la piedra está muy visto ya.)

¡Qué carajo!..., sin ir más lejos, ahora mismo igual te está entrando sueño mientras lees esto. A mí misma mientras escribo se me cierran los ojitos. O he dormido poco o no he tomado suficiente café. BENDITO CAFÉ. Ese gran aliado para estos problemas, aunque hay que tomarlo con moderación, ya que crea adicción (esto ha rimado sin querer, por lo tanto es verdad. Es una teoría en la cual llevo trabajando muchos años y está muy comprobado). Casi todas las palabras acabadas en *-ina* suelen provocar adicción: «cafeína», «heroína», «cocaína», «plastilina»... Esta última es la más dañina de todas. Ha destrozado vidas de muchos niños, aunque suelen ser niños con un perfil parecido al de Ralph, porque, sinceramente, yo jamás he comido plastilina,

¿y tú? CONTESTA.

Debido a que el problema del sueño inoportuno es algo mucho más común de lo que creemos, vamos a repasar distintas situaciones en las que más vale no sufrir por ello ni por cómo solucionar el problema. Esos programas que se emiten tarde, esa película interrumpida por anuncios que duran más que la propia película, ese libro que te atrapa y no te deja escapar, ese cerebro troll que decide ponerse intensito a la hora de dormir... Muchos son los motivos por los que no dormimos las horas necesarias, lo cual provoca los

ATAQUES DE SUEÑO
(piensa en una musiquilla de terror).

Sí, a partir de ahora los llamaremos así.

SITUACIONES EN LAS QUE NO CONVIENE SUFRIR UN ATAQUE DE SUEÑO

En general, ninguna situación es buena para sufrir este tipo de ataque, a menos que sea en tu cama o a la hora de dormir (LÓGICAMENTE, ES QUE TIENES UNAS COSAS...). Pero las hay más graves que otras.

1. **En tu boda.** Vamos a ver, es que si te duermes delante de la que va a ser tu futura esposa o del que va a ser tu futuro marido el día en el que se prometen amor eterno, te mereces el divorcio ya antes de casarte y todo. Tendría que ser el día más feliz de tu vida (según todas las películas románticas), con lo cual tendrías que estar extasiado o extasiada de alegría, felicidad y algo de terror al saber que esa es la única persona con la que vas a mantener relaciones TODA-TU-MALDITA-VIDA. No te duermas, por si acaso te entran ganas de huir...

2. En un examen. Ahí ya es grave. Durante la clase, mira, tiene un pase (rimó y fue sin querer, ¿ves? LA TEORÍA ES CIERTA). ¿Quién es capaz de aguantar todo ese tiempo con la atención totalmente puesta en lo que dice el profesor? ¿QUIÉN? ESA PERSONA NO EXISTE. ES OTRA DE LAS MILES Y MILES DE MENTIRAS QUE NOS HACEN CREER DESDE PEQUEÑOS. Yo, personalmente, tengo problemas con esto de prestar atenció¡¡¡HOSTIA, UN COCHE VERDE LIMA!!!, ¿A QUIÉN SE LE OCURRE COMPRARSE UN COCHE DE ESE COLOR? SEGURO QUE A RALPH. ¿De qué estábamos hablando? Ah, sí..., atención. Total, que dormirse en clase no es ningún crimen, pero en un examen ya es otra cosa. Para empezar, reprobar no está padre. Cuanto antes apruebes una asignatura, antes te la quitas de encima y antes te olvidas de todo aquello que engulles sin asimilar cuando estudias y que luego vomitas encima de una hoja el día del examen para luego borrarlo por completo de tu mente sin que deje rastro.

Luego, que no es plan entregar una hoja en blanco y llena de las babas que dejaste caer mientras estabas en plena fase REM.

Peor aún sería dormirte en pleno intento de copiar a tu compañero, con el cuerpo inclinado para poder ver mejor. Además de reprobar de inmediato, la vergüenza que pasarías no sería pequeña. ¿Te imaginas? Quita, quita.

3. **En una entrevista de trabajo.** A menos que el puesto sea de probador de colchones (que EXISTE, es totalmente real), no te conviene dormirte en una entrevista de trabajo. Incluso dudo que sea beneficioso hacerlo aunque estés optando a lo de probar colchones... En serio, esta profesión es como la profesión de las profesiones. Trabajar durmiendo... Ay Diosito... Total, que está la persona que te está entrevistando preguntándote cuántos idiomas sabes o que enumeres tres cosas positivas que crees que tienes, y vas tú y te duermes.

«¿Tres cosas positivas sobre mí?
Pues veamos, soy muy
puntuzzzzzzzzzzZzzZZzZZ...»

No sería la mejor táctica para conseguir el puesto, ¿verdad? Ya no dormirse..., es que ni que te entre un poquito de sueño... Mirar a la persona que tienes delante con cara de *empanao/empaná* no te da muchos puntos. Eso sí, como anécdota graciosa para comentar con los amigos, una vez que sabes que no te contratan ni de locos, va bien.

4. **Manteniendo relaciones.** Creo que esta es más que evidente. Estás ahí en plena faena y te duermes... Vamos a ver. ¿Cómo se va a sentir la otra persona? A más de uno y una le ha pasado esto, que lo sé yo. Rezo a todos los dioses por que jamás me pase tal cosa. Y ya que estoy, rezo también por ti, que ahora que me estás leyendo entras en la categoría de coleguita supremo.

5. Y por último, pero no por ello menos importante (de hecho es la más importante): **CONDUCIENDO**. POR DIOS, SI TIENES SUEÑO, NO TE PONGAS A CONDUCIR, ALMA DE CÁNTARO. No es agradable para ti ni para tus posibles pasajeros. Ya que me sacas el tema, te puedo contar la anécdota del señor taxista londinense que me llevó a mi destino DURMIÉNDOSE Y DANDO VOLANTAZOS. No pasé más miedo porque, de haberlo pasado, le habría destrozado la tapicería del taxi.

De verdad, si tienen sueño al volante, paren y duerman, ¡¡cabrones!! (Sé que el insulto es un poco gratuito, pero, joder, insultos gratis.)

Hay muchísimas más situaciones, claro... En un baño público, en medio de una transacción financiera importante, montando un toro salvaje y demás cosas cotidianas.

Claro que esto es como todo (adoro esta expresión, «esto es como todo»: claro, como la lepra, ¿no?; como tirarse de un acantilado, ¿verdad?; como beber cianuro, ¿cierto? COMO TODO, TODO, NO ES, ¿EH?)... Como decía, esto es como todo: igual que hay situaciones en las que no sería favorable sufrir un ataque de sueño, las hay en las que sí que sería totalmente oportuno y nos salvaría de más de un aprieto.

Imagínate que estás discutiendo con tu pareja y empiezas a notar ese sueñecito que le entra a unos gatitos al lado de una estufa. Te vas durmiendo lentamente mientras tu pareja sigue dando gritos por la casa. Todo el mundo sabe que dos no discuten si uno no quiere, con lo cual se quedaría hablando solo o sola y tú tan feliz, soñando con unicornios rosas.

O tu madre o tu padre te atrapó haciendo algo que no tenías que hacer, como llegar tarde a casa, reprobar una asignatura, sacrificar una virgen para meterte en una secta y cosas por el estilo. Mientras te está echando el sermón del siglo, tú vas relajando tu cuerpo y cerrando tus párpados hasta que ya no escuches nada más que el dulce sonido de las olas de la playa con la que estés soñando. En ese momento, tu padre o tu madre te verán ahí, tan dormidito/a, que se les despertará el lado tierno al recordar cuando te quedabas así de bebé. Con suerte hasta te llevan en brazos a la cama y ahí se terminó el asunto. Todo olvidado. Así da gusto, oye. Ahora eso ya no pasa. Te quedas dormido en el sofá viendo una peli o lo que sea, y como mucho te despiertan bruscamente mandándote a la cama. Y a veces ni eso, y amaneces al día siguiente con la confusión al máximo y una mantita mal puesta sobre ti, como resultado de un acto compasivo de alguno de tus progenitores.

En fin...

Pero tranquilos, hay métodos para NO dormirse en clase o en el trabajo... LOS HAY. Y ESTOY AQUÍ PARA ILUMINARLOS CON MI SABIDURÍA. QUIEN DICE SABIDURÍA DICE ESTUPIDEZ EXTREMA. QUIEN DICE ESTUPIDEZ EXTREMA DICE INUTILIDAD ABSOLUTA. QUIEN DICE INUTILIDAD ABSOLUTA DICE... DICE... PUES ESO MISMO. ALABADA SEA MI VOZ. ALABADAS SEAN MIS MANOS. ME VOY A CALLAR YA. LES JURO QUE NO ESTOY EN NINGUNA SECTA NI HE SACRIFICADO A NINGUNA VIRGEN. ESTO SE ME ESTÁ YENDO DE LAS MANOS. DIOS MÍO, QUE ALGUIEN ME PARE. NO PUEDO PARAR. TENDRÉ QUE PRENDERLE FUEGO A MI COMPUTADORA. ES LA ÚNICA SOLUCIÓN.

Te prometo que no sé qué me pudo pasar. A veces se me va así la onda, son los problemas de vivir en la gran ciudad. O de estar puta loca; también puede ser. Esto me recuerda a la escena de *Scary Movie 2* en la que la protagonista grita la típica frase de «¡YO NO ESTOY LOCA!» y acto seguido se marcha de la habitación corriendo mientras grita y agita los brazos. Tremendo.

Total —que me voy del tema—, conozco unos cuantos métodos que puedes poner en práctica para evitar los ataques de sueño. Ahí van. Dentro título.

MÉTODOS PARA NO DORMIRSE EN CLASE/TRABAJO

- **El collar de picos.** Este es un método radical. Se basa en ponerse un collar de picos apuntando a la cabeza. Si te duermes y tienes la consecuente *caída cabecil*, mueres; por lo tanto, no interesa. Esta tensión te mantendrá con los ojos como platos durante el tiempo que haga falta.
- **El collar de electroshock**. ¿Has visto ese collar que se usa en los perros para que no ladren? Pues ese. En cuanto detecte un movimiento de cabeza sospechoso o una pulsación más lenta y relajada, ¡ZASCA! Calambrazo. Lo pensarás dos veces...
- **El clavo gigante oxidado.** Es como el viejo truco de la tachuela en la silla del profesor, pero la tachuela es un clavo oxidado, la silla es tu mesa, el profesor eres tú y el culo del profesor es tu cabeza. Nos entendemos, ¿verdad?
- **La notita.** Una simple nota. Nada violento ni sangriento. En la nota dice: MOMENTOS VERGONZOSOS DE TU VIDA. Nada más. ¿Sabes

por qué? Porque, al igual que eso no te deja dormir por las noches, tampoco lo hará en clase o en el trabajo. Empezarás a pensar en esos momentos en los que habrías deseado que la tierra te engullese por completo, y no habrá Dios que duerma en ese momento. 100% efectivo.

✓ **El sensor.** Un sensor conectado a tu pulso. Una bomba debajo de tu asiento. Si tu pulso disminuye, la bomba se activa y explota. Y POR AHORA, NO CONOZCO A NADIE A QUIEN LE HAGA ILUSIÓN EXPLOTAR EN ALGÚN MOMENTO DE SU VIDA. Y NO ENTREMOS EN TEMAS RELIGIOSOS RADICALES, QUE TE ESTOY LEYENDO EL PENSAMIENTO.

✓ **El amigo carnicero.** A la persona que tengas al lado o cerquita de tu mesa, le das un cuchillo de carnicero, una tabla de madera y tu meñique. Lo posas grácilmente en la tabla y le dices que a la mínima que vea que se te cierran los ojitos, te tiene que cortar el dedo. Sería conveniente que esta persona no tuviera ningún tipo de sentimiento hacia ti o, incluso mejor, que fuera tu archienemigo o algo por el estilo. Deduzco que le tienes cariño a tu meñique, es el dedo de las *pinky promises* y el de rascarte la oreja, así que mantente despierto, por su bien.

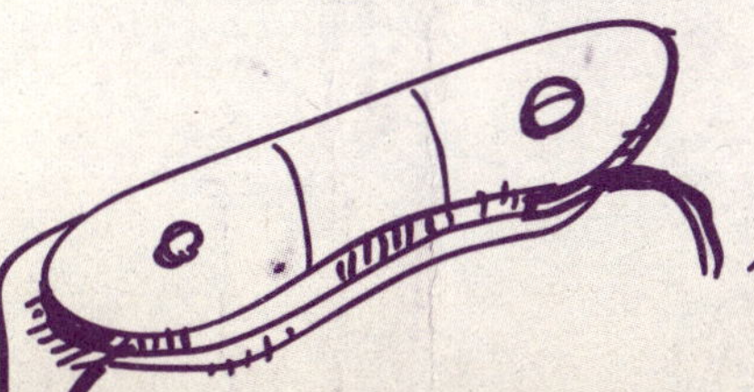

Como ves, hay muchísimos métodos para no dormirse. La mayoría absurdos y bastante imposibles, como todo en este libro, pero sólo se trata de echarle imaginación. A partir de los que enumeré, puedes hacer un *freestyle* e inventarte alguno que para ti pueda resultar más efectivo. Aunque hay uno que no he comentado. Uno esencial. El más importante de todos, diría yo.

DORMIR TUS HORAS.
DORMIR POR LA NOCHE
O CUANDO TE TOQUE.
¡¡DORMIR, COÑO, DORMIR!!

No es nada difícil, no requiere esfuerzo, por norma general, se duerme en una cama a gustito. Con lo cual, si no quieres tener sueño, duerme, ¡¡maldita sea!!

No sé si es cosa mía o qué, pero hay como una moda extraña y estúpida (creo que decimos eso de absolutamente todas las modas): se trata del insomnio. Hay gente que padece de insomnio. Lo padece de verdad y es algo muy jodido. Yo, mira, tengo la suerte de que cualquier película, por muy interesante que sea, actúa como somnífero automático en mi ser y me duerme cual bebé mecido por la mano de su madre en su cunita.

Yo tengo esa suerte, pero hay mucha gente que no la tiene y no puede dormir porque padece insomnio. Bien, aclarado esto, quiero dar mi opinión sobre aquellas personas que dicen «sufrir de insomnio» cuando en

realidad lo que les pasa es que no saben encontrar el momento de irse a dormir por culpa de tantos estímulos:

¿INSOMNIO? NO SABES LO QUE ES TENER INSOMNIO. PREGÚNTALE A UN INSOMNE DE VERDAD Y TE DIRÁ CUATRO COSAS BIEN DICHAS. ¿SABES LO QUE TE PASA A TI? QUE TIENES UN PAVO ENCIMA QUE NO TE LO AGUANTAS. «INSOMNIO»... ANDA... ANDA ...,TIRA, QUE ME TIENES CONTENTA.

De verdad, hay gente que es para darle una tunda y dejarlos calentitos para el resto del año. Como la moda de ser bipolar o sufrir mal de amores a los 14 años. ¡¡POR DIOS, NIÑO, QUE NO TE HA CRECIDO AÚN TODO EL VELLO!! Ay..., menos mal que todos hemos pasado por esa edad y sabemos lo que es, si no, ya habría más de uno bastante escarmentado.

Y como siempre, me voy del tema...

Lo que me gustaría a mí saber es el porqué de ese tremendísimo sueño que tenemos por las mañanas y de esas ganas de fiesta o de pensar que tiene nuestro cerebro por la noche.

De verdad, que alguien dé una conferencia hablando sobre ello, que haga un libro, una película, una tesis doctoral, una balada, un algo. Creo que no me equivoco cuando digo que es una duda que nos atormenta a todos.

Si fuera al revés, la existencia sería muchísimo más sencilla, dónde va a parar. Nos despertaríamos inquietos por la vida, con interés por saber qué ocurre en nuestro entorno, con ganas de enfrentarnos a lo excitante de nuestro día a día. Nos iríamos a dormir con unas ganas de encontrarnos con la cama que ni un perro yendo por su pelotita una y otra y otra y otra y otra (no se cansan nunca, los *jodíos*) y otra vez.

LO DIFÍCIL DE TODO ESTO ESTÁ EN SABER DESPERTARSE DE BUEN HUMOR A PESAR DEL POSIBLE SUEÑACO QUE PODAMOS TENER POR LAS MAÑANAS.

Como despertadora buenhumoril, se los recomiendo. Las cosas se ven de otra manera. El hecho de reventarte el dedo meñique del pie contra el mueble cuando vas al baño con los ojos aún cerraditos y medio soñando, se hace mucho más llevadero si te despiertas de buen humor.

¡Viva la vida!

¡Viva todo!

¡BAILEMOS AL SON DE LOS RONQUIDOS DEL VECINO!

QUÉ HACER DESPUÉS DE VER UNA PELI DE MIEDO

Hace frío en la calle, puede que incluso esté lloviendo un poquito, ya es de noche, te puedes relajar y desconectar de todas las preocupaciones diarias.

Es hora de sentarte en el sofá y olvidarte de todo lo que esté de puertas de tu casa para afuera.

Te preparas unas palomitas en el microondas, procurando que no se quemen mucho, porque aunque en el paquete ponga que necesitan tres minutos para estar listas, tú sabes que las tienes que sacar un poquito antes, porque si no saben a quemado.

Te acomodas en el sofá con tu mantita, que para ti es la más suave y la mejor del mundo, y le das al *play* para reproducir esa página superlegal en tu computadora conectada a la tele por HDMI. Procuras tener todos los cojines cerca para abrazar en caso de situación de tensión máxima y te dispones a ver... UNA PELÍCULA DE TERROR **¡¡¡CHAN, CHAN, CHAAAAAAAAN!!!**

Nos gusta pasar miedo, nos encanta sufrir de ese modo.

No se sabe muy bien por qué, pero buscamos ese subidón de adrenalina que nos da una película de miedo (según cuál, porque hay cada basura que es *pa' llorar*). Esa tensión que nos hace estar alerta y gritarle a la tele cosas como:

¡DETRÁS DE TI!... ¡MIRA DETRÁS DE TI!

Y, claro, como no te oye, la tía no mira y muere apuñalada por ese asesino enmascarado. Maldita sea..., toda esta angustia para que al final maten a la tía tonta que hasta ese momento había estado deambulando por la casa mientras preguntaba al aire si era su novio, Mike, que le estaba haciendo una broma pesada.

En serio, ¿QUÉ TIENEN EN LA CABEZA?

La tía está sola en casa y de repente escucha un ruido extraño. Evidentemente, lo primero que se le ocurre es IR A INVESTIGAR. CLARO, ACÉRCATE AL PELIGRO Y FACILÍTALE EL TRABAJO A LO QUE SEA QUE HAYA PROVOCADO ESE RUIDO. Me altero, me altero...

Eso te pasa a ti y, para empezar, no te mueves del sitio. Intentas pensar que son los muebles que crujen o algo así. (Malditos muebles que crujen... Yo creo que los fabricantes lo hacen a propósito para reírse de nosotros.) Te mentalizas de que pudo ser el viento o cualquier cosa que no sea un asesino o algo sobrenatural.

Si ese ruido se repite, te vuelves a engañar ti mismo/a. Si resulta que le da por repetir el ruido por tercera vez,

TE VA A FALTAR SUELO PARA CORRER.

Sales por patas o al menos coges algo para defenderte y te quedas ahí, PERO NO VAS A INVESTIGAR. Es que me parece lo más normal viniendo de una persona que en principio aprecia su vida y no quiere morir, que le quedan muchas cosas por vivir...

Otra de las cosas que me ponen nerviosa de las películas de miedo es la increíble torpeza repentina que sufre alguien que está siendo perseguido por el asesino/monstruo/demonio/lo que sea. Por algún motivo extraño, a esa persona se le olvida correr, caminar, coger llaves, meter llaves en la puerta del coche, agarrar armas, etc.

TODA FUNCIÓN LOCOMOTRIZ QUEDA COMPLETAMENTE ANULADA.

Si, por ejemplo, esa persona está huyendo, se tropezará con todo aquello que se cruce en su camino. Una piedra, un pequeño agujero en el suelo, un tronco, un mueble, etc. Incluso puede tropezarse en una superficie totalmente plana. Se puede torcer el pie, chocar contra algo y golpearse la cabeza o cualquier otra cosa que provoque su inevitable caída al suelo. La cuestión es esa, que se caiga al suelo. De ese modo, el asesino tiene toda libertad para recrearse.

Hay otro cliché muy recurrente y es ese momento en el que te piensas que el asesino ya va a cumplir su objetivo y va a matar a su víctima, pero de repente alguien le dispara por detrás. El plano suele ser siempre más o menos así:

Está el asesino en posición de apuñalar. Lo vemos casi en primer plano, pero de repente se oye un disparo y el hombre cae al suelo, despejando el plano y revelando así quién es la persona que le disparó. Esa persona suele ser alguien que previamente dimos por muerto/a, víctima de un golpe en la cabeza, un disparo en una zona no vital o algo por el estilo.

En fin, podríamos estar hablando durante horas sobre esos **típicos clichés de las películas** de miedo. **De hecho, vamos a comentar algunos.**

1. No saber elegir el arma correcta. En más de una película he visto al protagonista escoger un palo antes que una pistola. No lo entiendo, no tiene ninguna lógica, a menos que el palo sea una varita y el protagonista sea Harry Potter.

2. Escuchar un ruido y preguntar «¿QUIÉN ANDA AHÍ?» en lugar de huir despavorido.

3. Ese plano del protagonista tomando algo del refrigerador y que, cuando se cierra la puerta, deja ver a alguien que nos da un susto. Normalmente no es el asesino, sino su pareja o alguien inofensivo. Incluso juegan con eso y al cerrar vemos que no hay nadie y... Ay, ay, ay... que pensábamos que sí...

4. Esos jóvenes que se van a una cabaña en el bosque a emborracharse y cuando empiezan a pasar cosas extrañas siempre es uno de ellos quien se da cuenta antes, pero cuando quiere hacer entrar en razón a los demás, no lo escuchan y lo tratan de loco/a, hasta que, claro, mueren.

5. Ese espejo del baño que en realidad es el armario de las medicinas y que cuando se cierra también nos da cosilla por si aparece alguien de repente.

6. Ese foco del sótano que, cuando algún personaje baja a buscar algo, por algún motivo deja de funcionar...

7. Esos personajes que, cuando por fin consiguen huir, se topan con algo en medio de la carretera que les hace dar un volantazo y terminan estrellados contra un árbol, frustrando así su intento de salvarse.

8. Si consiguen matar al asesino, cuando todo parece tranquilo, este revive mágicamente y los vuelve a atacar.

9. Si la peli trata de una familia formada por un padre, una madre y un hijo o una hija, en cuanto empiezan a pasar cosas raras, los únicos que se dan cuenta son la madre y el niño/a. Llegará un momento en que la madre se lo intente contar al padre y este no le creerá a la primera. Le responderá que está cansada, que es una situación difícil y ella pensará que está loca.

10. Si en la peli hay una escenita de sexo, o uno de los dos muere o mueren los dos. Tener sexo es sinónimo de morir, básicamente.

11. Si la protagonista es una chica adolescente, la gran mayoría de veces tendrá una amiga bastante tonta y más bien fácil que, llegado el momento, le dirá que está loca.

12. En casi todas las películas de terror, los días están nublados. Yo me moriría ya sólo con eso. NECESITO SOL, POR FAVOR.

13. Casi siempre hay algún niño callado, como que sabe más que todo el mundo y que resulta repelente a más no poder.

14. Y por último, aunque haya muchos más:
ABSOLUTAMENTE TODOS VIVEN EN CASOTAS INCREÍBLES CON 59,348 HABITACIONES. PUES ASÍ NO ME EXTRAÑA QUE UN ASESINO ENTRE TRANQUILAMENTE. SI ES QUE PODRÍA PASAR AHÍ UNAS SEMANITAS SIN QUE NOTARAN SU PRESENCIA, JODER. PUES NORMAL QUE MUERAN, NORMAL.

Total, que un sinfín de cosas que se repiten una y otra vez y ya no consiguen sorprendernos.

Pero aun así, insistimos e insistimos en seguir viendo películas de miedo, con la esperanza de que alguna nos sorprenda. Lo mejor de todo es que, aun siendo la gran mayoría totalmente previsibles, seguimos teniendo ese miedo después de verlas. Esos días en los que cada cosa podría ser un asesino y abalanzarse sobre ti...

Bueno, estás viendo la película de miedo y te centras en ella, olvidando lo que hay en tu entorno. Para empezar, si te entran ganas de ir al baño durante la peli, te da algo de cosilla, porque tienes el miedo en el cuerpo, pero te armas de valor y vas. Haces lo que tengas que hacer rápidamente y, al volver, que no falte ese andar acelerado por el pasillo, claro. (A veces incluso hay que correr, depende de la intensidad del terror que se esté viendo.)

LO BUENO EMPIEZA CUANDO TERMINA LA PELI. TIENES LAS IMÁGENES FRESCAS EN TU CABEZA. ESA CARA TERRORÍFICA CLAVADA EN LA RETINA, Y AHORA TOCA IRSE A DORMIR... ¡AY!

Te levantas del sofá, vas a apagar la computadora, apagas la tele, apagas las luces, PERO NO SIN ANTES ENCENDER LA DEL PASILLO, no te vayas a quedar a oscuras y pase lo que no tiene que pasar.

En ese momento estás en **ALERTA TOTAL,** con el oído más fino que nunca y mirando hacia todos lados. Vas por el pasillo con la luz encendida y la linterna del celular encendidos, por si hay un apagón repentino, cosa que suele pasar en las películas de terror y, claro, ahora mismo tu vida es una de ellas.

- Vas al baño y mientras te lavas los dientes tienes un ojo puesto en la puerta que dejaste medio abierta, por si acaso.
- Miras el reflejo del espejo con la esperanza de que no aparezca ninguna cara extraña por detrás, ni ninguna sombra pasando de refilón o ningún mensaje en la misma luna escrito en sangre, en plan «Eres el siguiente» o «He comprao leche xD».
- Corres por tu vida hacia tu habitación y te metes en la cama con una agilidad que ya quisieras tener en los momentos en los que la necesitas de verdad.
- Es importante también quitarte los zapatos un poco lejos de la cama, ya que, si hay algo debajo, te podría agarrar los pies y provocarte un infarto que te mataría antes de tiempo.

En este punto, personalmente, no sé qué es lo mejor: si dejar la puerta abierta o cerrada. Si la dejas abierta, cualquier cosa podría entrar sin que te enteraras; y si la dejas cerrada, a lo que podría estar ya dentro de tu habitación le sería más fácil a la hora de atraparte. Además, si por casualidad la dejas cerrada, también se puede dar el caso de que de repente el pomo empiece a girar lentamente porque hay algo que quiere entrar, Y,

JODER, ESO DA MUCHO MIEDO.

Hagas lo que hagas, te metes en la cama y te tapas con la manta hasta la cabeza, sin dejar ninguna extremidad por fuera, no vaya a ser que venga alguien y te corte la pierna o el brazo.

Esto es algo que siempre he pensado desde pequeña y tengo por seguro que no soy la única a la que le pasa. No puedo dejar ninguna extremidad fuera de la manta. Como sobresalga el pie un poquitín, lo tengo que meter rápidamente, por miedo a que me lo agarren o me lo amputen. **ES ALGO QUE PUEDE OCURRIR PERFECTAMENTE, ¿VALE?**

Tienes que meter brazos y piernas por dentro de la manta, porque todo el mundo sabe que este elemento adquiere poderes sobrenaturales y aumenta su fortaleza unos **10,000 millones de veces aproximadamente**. La manta se convierte en el escudo más resistente jamás conocido por el hombre. Ningún arma puede atravesarlo. Es más resistente que... que la cosa más resistente del mundo. La típica pregunta de «Si un objeto imparable choca contra un objeto inamovible, ¿qué pasa?», se transforma en «Si un objeto imparable choca contra una manta, ¿qué pasa?». Muchos ejércitos de partes del mundo que ahora mismo no te sabría decir, usan mantas como escudos para penetrar en bases enemigas y salen ilesos, sin un rasguño.

Bueno, creo que vamos entendiendo el concepto...

Manta = Escudo irrompible

Total, que tu supermanta te cubre por completo y sientes un mínimo de seguridad. Claro que ahí no acaba la cosa... que hay ruidos. RUIDOS. DE COSAS. QUE NO SABES QUÉ SON NI DE DÓNDE VIENEN. QUE JUEGAN CON TU MENTE Y TE LLEVAN POR EL CAMINO DE LA LOCURA.

Golpecitos, susurros, cosas rozando contra otras cosas, sonido del viento, el perro del vecino... Todos esos ruidos y más son los que provocan que estés con los ojos como platos, con el oído más afinado que nunca. ¿Qué serán esos ruidos? Bajo esa gran sugestión a la que estamos todos sometidos después de ver una peli de miedo, todos los ruiditos pueden ser señales de que tu muerte se acerca.

Lo aconsejable en ese momento sería ponerse música y aislarse de todo ruido sospechoso, lo que pasa es que, si tienes la música puesta, no puedes escuchar nada; y si se produjera algún ruido sospechoso, no lo oirías, con la consecuente posibilidad de que lo que te quiera matar te tome por sorpresa.

Y NO QUEREMOS ESO.

Ahora mismo estarás pensando que igual le doy muchas vueltas a las cosas, pero no soy la única que piensa así: Y SEGURO QUE TÚ TAMBIÉN, AUNQUE NO LO QUIERAS RECONOCER.

Digamos que no te pusiste los audífonos con música para estar atento a todo lo que pueda pasar a tu alrededor. Decidiste ser valiente y tener los oídos bien alerta. Para empezar, cualquier cosa que se oiga desde casa de tu vecino, vas a pensar que sucede en la tuya.

¿Que tu vecino enciende o apaga la luz?,

«¿QUIÉN ENCENDIÓ LA LUZ DE MI PASILLO? ¡ES PORQUE QUIERE QUE SEPA QUE YA VIENE A MATARME!».

¿Que tu vecino camina por la habitación?,

«¡OH ,DIOS MÍO, ¿HAY ALGUIEN AQUÍ CONMIGO?!».

¿Que tu vecino se lava los dientes?,

«EL ASESINO ESTÁ EN MI BAÑO PORQUE QUIERE ESTAR BIEN LIMPIO ANTES DE MATARME, PORQUE PARA ÉL ES UN ACTO DE PURIFICACIÓN. ¡SEGURO!».

¿Que tus vecinos deciden dar rienda suelta a su amor?,

«HA VENIDO UNA PAREJA DE ASESINOS A MATARME Y LA IDEA LES GUSTA TANTO QUE NO SE HAN PODIDO RESISTIR Y LO ESTÁN HACIENDO JUSTO AQUÍ CONMIGO».

Estás en constante tensión y dormir se vuelve tarea imposible, con lo cual tienes los ojos abiertos observando todo lo que se pueda mover a tu alrededor. En ese momento te preguntas por qué tendrás ese perchero en la habitación o por qué tienes que ir acumulando tal cantidad de ropa en la silla, y es que ahora mismo TODO eso te parece el asesino, una niña muerta, un demonio, un hombre sin cabeza, un payaso homicida, etc. Te parece CUALQUIER COSA menos ropa.

LO PEOR ES QUE A VECES HASTA TE DA LA IMPRESIÓN DE QUE SE MOVIÓ. QUE ANTES ESTABA PUESTO DE OTRA FORMA.

Si tienes suerte y el interruptor de la luz está situado cerca de tu cama, puedes encender para comprobar si aquello se movió o no, si se trata de un ser mortal o simplemente es tu ropa. Si no tienes el interruptor cerca, o bien vas a usar la linterna del celular o te vas a tener que joder.

Personalmente, lo de usar la linterna del celular me parece aún más terrorífico, ya que imagínate que lo que hay ahí SÍ ES UN ASESINO y de repente le llega la luz de tu linterna y se levanta para matarte. POR DIOS, NO QUEREMOS QUE ESO PASE. Igual si no le apuntas con la linterna en ningún momento, se duerme y se despierta por la mañana, antes de que lo hagas tú. En ese momento se pregunta si su existencia de verdad tiene sentido, decide abandonar su misión de matarte y se va a su casa tan tranquilamente a darle los buenos días a su mujer y a sus hijos, el pobre hombre. Puede pasar, puede pasar...

Por ello, lo mejor es quedarse paralizado. De hecho, a veces lo haces incluso forzado, básicamente porque no te mueves del miedo que tienes.

Quizá la capacidad de visión de esos seres malignos sea como la del Tiranosaurus Rex, que está basada en el movimiento. Si te quedas quieto, no te ve.

Y ahí estás tú (A MÍ ME GUSTA CÓMOOOO BAILAAAS TÚUU... perdón). Ahí estás tú, con la manta hasta arriba, con la pinta de una croqueta temblorosa, sin poder dormir, intentando escuchar y descifrar todos y cada uno de los ruidos que puedan sonar, sin moverte ni un pelo, por miedo a que eso enfurezca al ser que seguramente esté ahí para matarte. Intentas relajarte, pensar en otras cosas, pero como nuestro cerebro es así de chistoso, lo que en principio es un prado verde lleno de animalitos adorables, se convierte en el infierno lleno de demonios que quieren atacarte. **En ese momento es cuando aparece una pregunta en tu cabeza:**

¿QUÉ COÑO ESTOY HACIENDO CON MI VIDA?

Ahí es cuando te das cuenta. Tienes que hacer algo porque esto no puede seguir así, es una soberana tontería y no estás teniendo la actitud correcta. Así que decides relajarte Y LEVANTARTE DE LA CAMA PARA IR A ENFRENTARTE A ESE ASESINO QUE ESTÁ SENTADO EN LA SILLA DONDE NORMALMENTE DEJAS LA ROPA. ¡¡¿QUÉ SE ESTARÁ CREYENDO?!!

Decides darle una valiosa lección y le metes la paliza de su vida, porque ya no te queda dignidad ninguna y, oye, de perdidos, al río. Efectivamente, cuando enciendes la luz, ves lo que ya sospechabas antes de empezar a propiciar semejante paliza: el asesino era en realidad tu ropa.

Después de esta autohumillación, decides irte a la cama y, mira, si algo te tiene que matar, que te mate, pero tú tienes que dormir al menos unas horitas, que mañana no habrá quién aguante todas esas horas de trabajo/clase. Y qué carajo, esa ropa seguramente se lo merecía.

Y esta es la historia de cómo perdí la dignidad aquel día.

Si vas a ver películas de miedo, procura que sea en compañía y, sobre todo, no duermas solo. **AUNQUE SEGURAMENTE, AUNQUE NO HAYA NADIE MÁS EN TU CASA, NO ESTARÁS SOLO...**

21 FORMAS DE LIGAR

Esto es la selva;

tú eres el león

y quieres ir sin miramientos

por la gacela,

pero tú sabes

que esto

no va así.

No puedes clavar tus zarpas en sus muslos y hacerla caer para conseguir tu objetivo.

Si fuera tan fácil el mundo no sería tal y como lo conocemos hoy. Sería un mundo primitivo y sin ningún tipo de chispa porque, seamos sinceros, ligar nos da vida.

La verdad es que no soy ninguna experta en la materia, aunque, a mis 25 años de vida, algo he aprendido al respecto. Por ejemplo, sé que eructar en la cara de la persona que te gusta no te da puntos.

Tampoco te los da bajarle los pantalones en plena calle, ni tirarle tomates maduros en toda la cara para que exploten y note cómo el juguillo le cae por dentro de la ropa. Esas cosas divierten mucho, lo sé, pero no sirven para ligar. Hazme caso.

Sabiendo todo eso, he ido tanteando terrenos a la hora de tontear y he descubierto que en realidad es todo un arte. Se necesitan habilidades y debes tener cierta teoría para poner en práctica. Cada persona es un mundo, claro, pero en lo básico el tonteo casi siempre es igual.

¿ESTUDIAS O TRABAJAS?

Vale, esta es una frase que ya no se usa, al menos no en serio. (Si la usas en serio, deja de leer este libro inmediatamente y dirígete al acantilado más cercano. Quédate mirando al vacío hasta que sepas ver el símil entre este y tu vida amorosa.) Pero, a pesar de que ya no se use, es una muestra de que lo del ligue tiene algo parecido a unas reglas a seguir. Y esto es lo que vengo a ilustrar aquí. Pueden o no ser las mejores formas de conseguir un ligue, pero lo importante es participar. De cien intentos, alguno tiene que ser exitoso.

DIGO YO.

O eso o es que realmente ya no depende del empeño que le pongas,

sino de tu cara.

Aquí van las 21 formas de ligar que pueden o no tener éxito, pero que yo te expongo para que al menos, aunque no funcionen, te eches unas risas o unas lagrimitas, depende.

1. Soltar una frase propia de un caballero fino y elegante: «¡MOZAAAAA! ¡QUE TENGO TIERRAS!» Esto las hará caer rendidas. Éxito asegurado. De verdad. Créeme. Hazlo. Y grábalo. Y lo subes a YouTube. Y nos reímos tod... te aplaudimos todos.

2. «Acabo de crear una web... se llama www.asmo.org». Acto seguido lanzas una mirada sexy, o al menos lo intentas, y mueves las cejas de arriba abajo muy rápidamente. De ese modo captará la indirecta.

3. Vas corriendo hacia la persona que te quieres ligar y le dices «RÁPIDO, ME QUEDAN DIEZ SEGUNDOS DE VIDA Y LA ÚNICA MANERA DE SALVARME ES CON UN BESO TUYO». Si tiene algo de humanidad, te dará ese beso. Si no, te dejará morir lentamente, pero no morir de verdad, claro, sino morir de dignidad. Verás cómo esta se va alejando tranquilamente y sale por la puerta para no volver nunca más. Es un riesgo que vale la pena correr.

4. Todo el mundo sabe que la poesía siempre ha sido una potente arma para la seducción. En un alarde de máxima inspiración, te acercas a la persona que te gusta y le sueltas algo como:

Las rosas son rojas,
las violetas son azules.
A veces bebo lejía.
No sé rimar.
Almendras.

Sécate las lágrimas, va... Sé que está precioso. No se enamoren todos a la vez de mí, por favor, un poco de orden. Tengo amor para todos, calma.

5. «Haberte encontrado, sin duda alguna merece descorchar una botella» [**aquí descorchas la botella** ¿Qué botella? Pues una de Fanta del súper, claro. NO TE VAS A GASTAR EL DINERO EN UNA BOTELLA DE CAVA CARA O ALGO ASÍ, YA QUE AHÍ SÓLO ESTARÍAMOS TANTEANDO TERRENO. Una vez que estén las cosas más seguras, entonces puedes invertir. Además, lo de la Fanta es aceptar lo que en ese momento estás siendo. Eso demuestra confianza y seguridad en uno mismo, misma, mismi].

6. Magia. Pero no la magia de «voy a adivinar tu carta», no... Supongo que todos conocen a Harry Potter, ¿verdad? Pues bien, estudien mucho y practiquen, porque van a lanzar un hechizo a la persona en cuestión. FUNCIONA, ¿VALE? No me quites la ilusión, maldita sea. Lo único que les pido, por favor, es que no se equivoquen y lancen el *Avada Kedavra*.

7. Inventarte una historia al más puro estilo Barney Stinson. Te acercas, como si hubieras estado corriendo hasta dar con esa persona, y le dices:

«¡POR FIN TE ENCUENTRO!

Vengo del futuro y por causas que ahora mismo no hay tiempo de comentar, la supervivencia de la humanidad depende de que tú y yo nos enredemos esta noche. Sé que suena extraño y entiendo totalmente esa cara que estás poniendo, pero, ¿QUIERES SER LA/EL CULPABLE DE QUE EN EL FUTURO MURAMOS TODOS?». Si después de esto, la persona sigue delante de ti sumida en la más absoluta confusión, es el momento de atacar. Si se hace para atrás, pues oye, al menos lo intentaste, pero ¿y si no se aparta? Vale la pena probarlo.

8. Ir con una oferta interesante. Busca tres cosas que suelen ser apreciadas por todo el mundo. Yo, personalmente, diría:

«TE OFREZCO TRES COSAS: CERVEZA, VIDEOJUEGOS Y AMOR/SEXO».

¿Tú dirías que no a eso? Si tu respuesta es sí, cierra este libro y no me vuelvas a hablar nunca más. ¿Que tú a mí no me estabas hablando, que me estabas leyendo? Déjate de tecnicismos y vete antes de que me arrepienta de dejarte vivir.

9. «TENGO TRES PISCINAS". Nada más que añadir.

10. Para este método se requiere un celular con la canción «Careless Whisper» de George Michael. Si sabes cuál es, perfecto, si no, te recomiendo que la busques ahora para ponerte en situación.

¿Ya?

Bien, se necesita mucha concentración y sincronización. Ves a la persona a la que te quieres ligar. La miras e intentas que ella o él también te mire. Es importante cruzar miradas directas, a los ojos. Si sufre de estrabismo te las arreglas y buscas la manera. Vale, en cuanto ese cruce de miradas esté en su momento más intenso, tú pones cara de supersexy seductis truinfador/a de la vida y le das *play* a la canción. Ese saxofón, junto con tu mirada, tendrá un poder de atracción que ni el imán más potente de la Tierra. Uno de esos con forma de U que sólo se ven en los dibujos animados, porque yo, sinceramente, en la vida real no he visto ninguno. ¿Tú sí? Si es que sí, cuéntame. Así, en voz alta. Yo te oigo. Va. Si estás en público, mejor.

11. Consigues un megáfono, un uniforme de policía y te plantas en el lugar donde esté esa persona. Te subes a un taburete y gritas:

«ATENCIÓN. SE HA COMETIDO UN CRIMEN. TÚ NO HAS ESTADO CONMIGO, ASÍ QUE A MENOS QUE QUIERAS IR A LA CÁRCEL, YA SABES LO QUE TIENES QUE HACER».

Si esta persona es estúpida,
creerá que va en serio
y lo hará.

Si es un poco lista, sabrá que es una broma y le hará tanta gracia que, AL MENOS, se acercará a decirte algo. Ahí ya cada uno despliega su magia.

12. Toca un instrumento. Si no sabes, aprende. Saber tocar un instrumento siempre da puntos y la verdad, no entiendo el porqué, pero lo hace. Claro que hay tipos y tipos de instrumentos para ligar. La guitarra es uno de los instrumentos estrella, pero, por ejemplo, tocar el pandero no creo yo que sea muy seductor.

Instrumentos con los que SÍ puedes ligar:

guitarra, piano, batería, saxofón, violín e incluso ukelele, entre otros.

Instrumentos con los que NO puedes ligar:

pandero, triángulo, trompeta, flauta dulce, bombo o trombón son algunos de los instrumentos sin ningún tipo de atractivo. Si tocas alguno de estos, lo siento mucho.

No te enfades conmigo, enfádate contigo.

13. Consigue un cachorrito. Si tienes eso, ya no necesitas hacer nada más. Él se ganará su amor y tú conseguirás meterte en sus pantalones. ¡BIEN!

14. Si no puedes conseguir un cachorrito, consigue un bebé. Tendrá el mismo efecto.

15. Cambia tu acento, pero intenta que sea un acento sexy... Dicen que los que triunfan son los italianos, argentinos y cosas por el estilo. Procura no poner acentos como el chino o el ruso. No son nada sexis y pensará o bien que le quieres vender cerveza o que lo/la quieres secuestrar. No es que sea racista, es que son estereotipos. Está claro que no hay que generalizar. ¿VALE?... QUE NO SE ME OFENDA NADIE. ¡¡NO TE VAYAS, POR DIOS!!

16. «Voy a tirar una moneda al aire. Cara, estás conmigo; cruz, yo estoy contigo». **¿CAPTAS? EXACTO, NO FALLA.**

17. Apréndete la coreografía de «Single Ladies» de Beyoncé y la bailas con toda la pasión del mundo. Seas hombre o mujer, triunfas segurísimo. (Es preferible que estés en un sitio en el que ponerte a bailar no resulte extraño, por ejemplo, en una discoteca.

Si es un supermercado o estás en clase, no surtiría el mismo efecto, que igual sigue siendo bueno, pero por si acaso limítate a sitios en los que ponerte a bailar no sea sinónimo de que estás puto loco.)

18. Intenta hacerte el interesante. Habla sobre tus maravillosos viajes inventados a todo tipo de países. Procura elaborar una historia increíble sobre cómo tuviste que luchar contra aquel cocodrilo que quería comerse a un bebé en una casa en llamas, cómo salvaste a ese bebé y cómo apagaste el incendio. Es importante que suene creíble, así que tampoco exageres mucho. Si descubre la mentira, tú sigue con ella. Da igual todo. Resiste. Tienes que mantenerte en tu puesto e intentar salir de ahí con la mayor dignidad posible, porque con su número está claro que no.

19. Si estás en una discoteca o en un bar y tiene una bebida en la mano, en lugar de invitarle otra en cuanto se la acabe, tienes que usar la táctica: **TE SALVÉ LA VIDA.** En cuanto veas que va a beber de su vaso, te acercas de la manera más heroica posible, se lo quitas y lo tiras mientras gritas el famoso y dramático «¡NOOOOOOOO!». Si pudieras hacer esto en cámara lenta ya sería lo más épico del mundo, pero eso ya va a gusto de cada uno. En cuanto te mire con cara de «¿PERO POR QUÉ CARAJO ME TIRASTE EL VASO, TARADO/A?», le dices: «Vi cómo le ponían un veneno superpeligroso ultramortal hiperpotente en el vaso, así que te salvé la vida». Estará confundido y ahí es cuando le invitas otra copa (no le pongas veneno).

20. Sé el DJ o el cantante del grupo que toca. ¿Cómo? Ah, ahí ya tendrás que invertir en tiempo y dinero. Nadie dijo que esto fuera fácil.

21. «¡SOY YOUTUBER!». Ligas fijo, o sea, fijo. Pero es que fijo, fijo, fijo, segurísimo. Es la cosa más garantizada que he dicho hasta ahora. Nunca nadie te había dicho nada que fuera tan extremadamente segur... **VALE, NO. ES MENTIRA.**

De todas estas maneras de ligar, una, AL MENOS UNA, tiene que funcionar.

También hay otros factores a tener en cuenta. Hay que saber cuándo tenemos que dejar de insistir. Más que nada porque tu intento de engatusar a esa persona puede al final convertirse en acoso. Así de fácil y así de rápido. Si una persona te dice que no, que no le gustas, cara, que ni te intentes acercar, probablemente no esté usando la táctica de hacerse el o la difícil; probablemente es que no quiere, que no le gustas y que no quiere que te acerques.

Digo esto porque hay personas que no captan el mensaje a la primera y no me gustaría que tú, que estás leyendo este maravilloso y precioso libro, fueras de esos.

Más que nada porque creo que al yo escribir y tú leerme hemos creado un vínculo especial bastante irrompible. Tanto que ni siquiera las tres brujas esas de Hércules con sus tijeras que cortan los hilos de la vida podrían destruirlo. (¿Sabes de qué brujas hablo, no? ¡¿NO?!)

Cuando vas a ligar, lo importante es tener muy claro que, de primeras, el término «pagafantas» es lo que más se ajusta a ti.

(Ahora que estamos entre colegas, aprovecho para recomendarte una canción con ese mismo título, de **El Kanka**. Búscala en YouTube, que te va a gustar, palabra.)

Hay una cosa que nunca he entendido muy bien y que quería comentar con ustedes. En las películas, siempre que van a ligar, en lugar de hablar un poquito para conocerse y dar pie a algo más, lo primero que preguntan es: «Eh, nena, ¿me das tu número?». Vamos a ver, hombre de Dios, ¿para qué quieres su número si ni siquiera sabes si esa persona te cae bien? Es decir, ¿qué ganas teniendo su número si luego igual ni siquiera te contesta el teléfono? Me parece todo muy absurdo, la verdad. Pienso que es totalmente inútil.

OTRA DE LAS MUCHAS MENTIRAS QUE NOS QUIERE HACER CREER HOLLYWOOD, MALDITA SEA. ¿ES QUE NADIE PIENSA EN LOS NIÑOS?

En las películas es muy fácil. Tienen el baile de graduación, las bolsas sin asas que provocan encuentros torpes con el que puede ser el amor de tu vida, no cierran las puertas de sus casas, con lo cual puede entrar cualquiera en cualquier momento, lo que hace posibles muchos tipos de situaciones (la mayoría robos y tal, pero quién sabe..., igual el ladrón acaba ligando contigo, ¿no?).

Aquí no tenemos baile de graduación, nuestras bolsas tienen asas y cerramos las puertas de casa con 7.000 cerraduras de ser posible. Así no se puede, hombre, así no. Pero eso nos da una ventaja: tenemos que esforzarnos más y, por lo tanto, valoramos cualquier indicio de posibilidad de ligue, porque es algo que tienes que trabajar.

Hemos hablado de 21 formas de ligar, PERO (lo pongo en mayúsculas para mayor dramatismo), hay cosas que pueden echar por tierra cualquier acción de ligue. Cosas a tener en cuenta para aumentar el porcentaje de éxito, o a no tener en cuenta si quieres aumentar el de fracaso, claro. Igual te van esas cosas. **¿Existe alguna filia con el fracaso? ¿Habrá alguien que disfrute con eso?**

No son preguntas tan disparatadas, teniendo en cuenta que existen filias tan extrañas como el *balloning*, que consiste en excitarse viendo cómo inflan globos.

GLOBOS. POR DIOSITO, ¿ADÓNDE VAMOS A LLEGAR...?

Hagamos una lista (supongo que a estas alturas sabes que me gusta hacer listas de cosas) de las cosas que echan bastante *p'atrás* a la hora de ligar. ¡BIEN! (me he alegrado porque voy a hacer una lista..., soy feliz con poco).

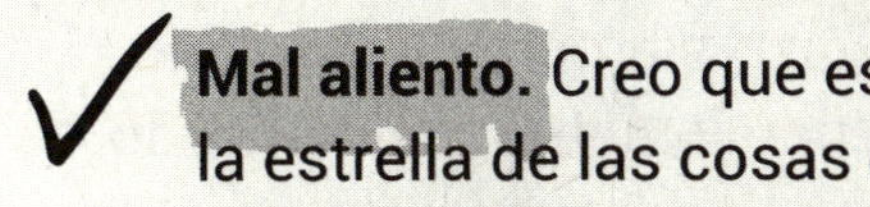

✓ **Mal aliento.** Creo que esta es bastante evidente y es la estrella de las cosas que echan *p'atrás*, o los *turn offs*, que dirían nuestros amigos los *yankees*.

✓ **Olor corporal.** Esto es algo en lo que nos fijamos todos y, si olemos bien, hasta puede tapar otros defectos que tengamos. El olfato es una parte importante del juego de la seducción, así que si vas a un lugar con intención de ligar, por la humanidad entera,

BÁÑATE.

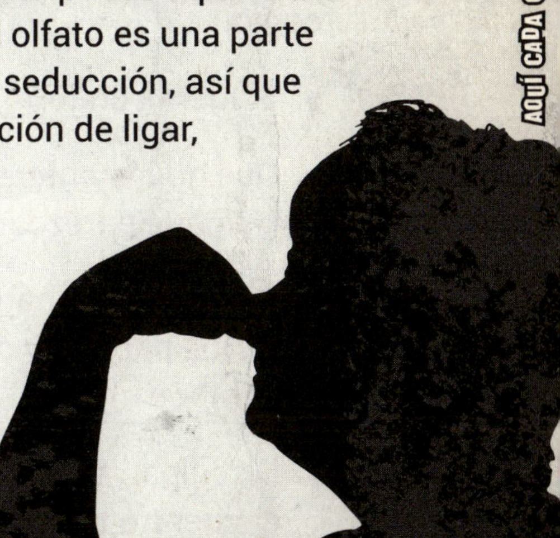

✓ **Actitud demasiado chulesca.** Un toque de chulería está bien, pero chulería simpática. Simplemente con tener confianza en uno mismo vale. Da pie a que haya tonteo y conversaciones divertidas, pero una cosa es una cosa y otra cosa es otra cosa. No vale pasarse y ser un arrogante con aires de grandeza, porque cuando se habla con una persona se quiere hablar con ella, no con la persona y su enorme EGO. Así que ya saben: confianza en uno mismo, pero sin pasarse.

✓ **Intentar bailar bien, pero no...** Pues eso: bailar haciendo un poco el payaso siempre es divertido, pero si lo intentas en serio sin saber realmente, lo único que conseguirás es hacer el ridículo y que te echen del lugar por escándalo público.

✓ **Frases típicas de ligue.** No entrar con frases tales como:

- Si fueras un forro, te comía hasta el cromo.
- Que no me entere yo que ese culito pasa hambre. (Aunque parezca mentira, se sigue usando.)
- Se te cayó un papel. (Esperar a que pregunte «¿Qué papel?» y contestar: «El que te envuelve, bombón».)
- Disculpa, ¿te llamas Google? Es que en ti encuentro todo lo que busco.
- Me encanta tu camiseta, aunque quedaría mejor en el suelo de mi habitación.

- ¿Te invito una copa ahora y más tarde a desayunar?
- Lo tengo todo, moza: tengo vacas, tengo praos, tengo tierras y sembraos. (OLÉ, OLÉ Y OLÉ.)
- ¡Tantas curvas y yo sin frenos!
- ¿Crees en el amor a primera vista o quieres que pase otra vez?
- ¿Estudias o te trabajo?
- Estás tan buena que si te echas un pedo en un saco de harina salen croquetas.
- Te metía de todo menos miedo.
- Te comía hasta con ropa aunque pasara una semana cagando trapos.

Y UN SINFÍN DE FRASES CUTRES QUE, EN PRINCIPIO, SI LAS USAS TIENES TODAS LAS DE PERDER. AUNQUE NUNCA SE SABE, OYE. QUIZÁ SE MUEREN DE LA RISA, YA QUE DUDO QUE NADIE EN SU SANO JUICIO LAS USE EN PLAN SERIO.

Resumiendo: hay muchas maneras de ligar y muchísimas más maneras de ser rechazado o rechazada. Para botarse de la risa, sí podríamos aplicar los métodos que analizamos exhaustivamente en este precioso capítulo, pero al final lo mejor es

MOSTRARSE TAL CUAL SE ES, SIN REPAROS.

Voy a caer en el cliché de las películas para decir que, en realidad, por mucha parafernalia que nos hagamos para ligarnos a alguien, por muy interesantes que intentemos parecer, por muchos instrumentos que toquemos, lo mejor para ligar es SIEMPRE ser como eres.

«WOOOOOOW,
QUÉ
DIJO»,

oigo sus voces pensar...

Y sí, es así, es la verdad y es lo que hay. Dejarte llevar y sacar a relucir tu personalidad y no la de alguien inventado es y será siempre la mejor opción. A menos que seas un pirómano, un líder de una secta o un político. En ese caso, tendrás que fingir, ya que no son cosas demasiado atractivas para nadie. Que igual para una persona así especialita, pues sí, pero no suele ser la norma, así que avisados están.

(Imagínense que suena una música bonita y me voy alejando por un paisaje precioso.)

Be water, my friend.

CUANDO ESTÁS TRISTE

«El ser humano es extraordinario», clama con acento argentino el anuncio de **una bebida isotónica.**

Sí, somos seres bastante increíbles, la verdad.

Nuestro cuerpo es una máquina casi perfecta. Todo funciona con un sentido y todo se complementa.

Si lo piensas así, la verdad es que tan mal no estás, ¿no? Si tienes algún complejo por tu cuerpo o algo así, piensa que cuentas con una herramienta magnífica que te mantiene con vida y te provoca cosas como ese estornudo con el que te quedas más a gusto que un arbusto, esas endorfinas después de hacer deporte o esa sensación cuando te acarician. Es bonito y todo; hasta poético. Sí, nuestro cuerpo es una máquina fantástica.

Hasta ahí todo bien, ¿no?

PUES NO SEREMOS TAN FANTÁSTICOS SI, CUANDO ESTAMOS TRISTES, NO SE NOS OCURRE OTRA COSA QUE BUSCAR MANERAS DE ESTAR AÚN MÁS TRISTES, ¡CARAJO!

Es que parecemos tontos, ¿eh? Qué digo parecer, NOS CORRE SANGRE DE TONTO POR LAS VENAS. De verdad, es algo que no logro entender, aunque a mí y a todos nos pase. Es algo natural, por lo visto, ya que nadie se libra de hacer el tonto así.

¿Sabes esos días tristes en los que no te apetece nada? ¿O resulta que has discutido con alguien importante? ¿O te ha pasado algo triste que no comentaremos por si es muy triste y aquí venimos a divertirnos? En esos días realmente te das cuenta de que el ser humano es muy masoquista. **Nos regodeamos en nuestra tristeza y sufrimiento. NOS ENCANTA, MALDITA SEA, NOS ENCANTA.**

Desgraciadamente, tener esos días está en la naturaleza de las mujeres. Al menos una vez al mes, por cuestiones físicas, tenemos días así. Ya saben de qué hablo, ¿eh? Es que eso es un festival de hormonas. Que igual en un momento estás contenta y apreciando la vida, que al otro estás en una esquina llorando con una lámpara apuntándote sólo a ti y una música muy dramática. (Quizá esto no ocurre exactamente como lo cuento, pero en nuestras mentes seguramente sí.) Aparte de ser un mar de lágrimas y alegrías según el momento, lo de comer normal tampoco es algo que abunde durante esos días. ¿Has visto al dependiente de la tienda de cómics de Los Simpson cuyo nombre desconocemos? Pues más o menos de ese rollo..., como cuando les da un papelito a Bart y Milhouse con lo que parece la lista de la compra, pero en realidad son las instrucciones. ¿Recuerdan ese capítulo? Toda situación en la vida se puede comparar con Los Simpson. Esto es una ley no escrita.

Claro que no a todas las mujeres les afecta de la misma manera. **HAY A QUIENES NO LES AFECTA PARA NADA Y SIGUEN FELICES CON SUS VIDAS, COMO LAS DE LOS ANUNCIOS DE TOALLAS. PERO ¿QUÉ LES PASA A ESAS TÍAS? ¿QUÉ CLASE DE SUSTANCIA PSICOTRÓPICA CONTIENEN ESAS TOALLAS, EH? ¡¡QUE NO NOS ENGAÑEN, QUE NOS DIGAN LA VERDAD!! ¡¡A LA HOGUERA CON ELLAS!!**

...perdón...

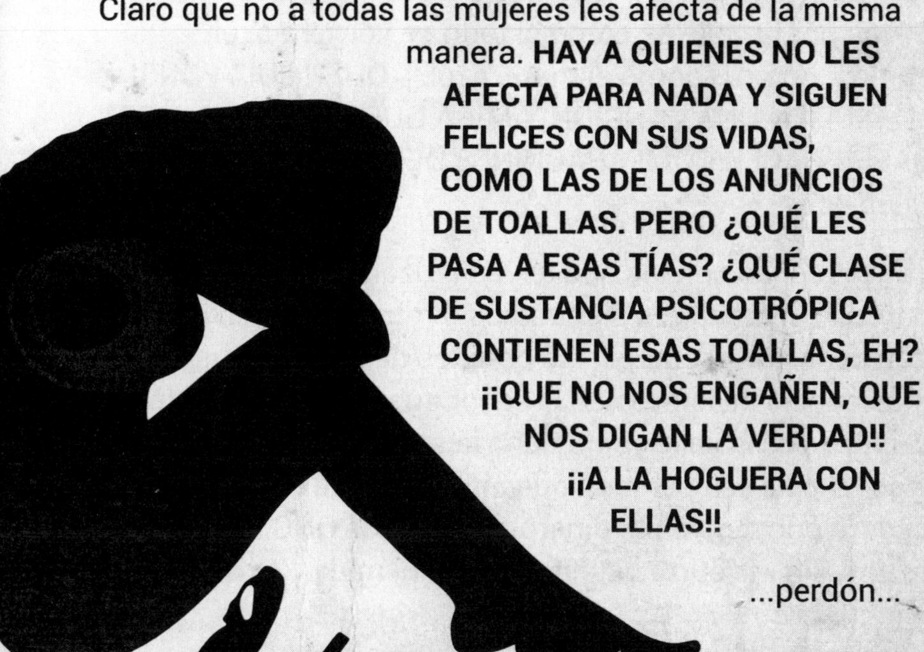

Pero es que me sulfuro con esas sonrisas perfectas, sabiendo que, si tuvieran la regla de verdad, se estarían retorciendo de dolor de ovarios y llorando tres de cada dos minutos.

El anuncio, para ser realista, tendría que mostrar a un grupo de mujeres tiradas en el sofá, comiendo absolutamente todo lo que se encuentren por delante, con la boca manchada de chocolate a lo Homer Simpson. ¡Malditas!

Si eres un hombre, tienes la suerte de no saber cuándo vas a tener un día de esos depre, con lo cual vives tranquilo y, si viene, pues viene, oye. Ya se pasará, que siempre lo hace.

En esos días en los que la mente no quiere ver el lado bueno de las cosas (hoy vi esa peli, me gustó, lloré. Te lo digo porque tienes cara así como de que te interesa un montón, ¿sabes?), todo nos parece mal o deprimente. Si vas por la calle es como si todo se volviera azul como... como... como el mar... azul. ¡¿QUÉ?! LUIS FONSI LO DICE EN UNA CANCIÓN Y MIRA QUÉ FELIZ ES, AHÍ SIN SABER HACER COMPARACIONES DECENTES NI NADA. Pues eso.

Las personas con las que te vas cruzando por la calle parecen dementores dispuestos a robarte la poca alegría que tienes en el cuerpo, las paredes de los edificios están más sucias de lo normal, el señor que te intenta vender cerveza por la calle ya no tiene la sonrisa de aquellos días felices, esa persona que interrumpe tu camino para pedirte que regales tu dinero a no sé qué ONG lo hace sin ganas, sin insistirte ni una sola vez ni nada... Ni siquiera

intentar no pisar los trozos negros, que son lava, de los pasos peatonales te anima. A esos niños que juegan en el parque y que normalmente te resultan adorables, ese día te dan ganas de quitarles la pelota y aventarla bien lejos al grito de:

¡¡¡A TOMAR POR CULO LA PELOTA!!!

Entre tú y yo: no veas si te gustaría hacer eso, ¿eh? Nada más que por el gusto de ver cómo la pelota se va realmente a tomar por culo.

Todo te parece, básicamente, una mierda, y en ese momento entiendes a ese señor que sale en APM. Ese señor al que paran en un puente de la capital murciana y le dicen:

Buenos días, caballero.
¿Qué le parece el río?

¿El río? Una mierda.

Si no conocen a este gran señor, les recomiendo que se tomen unos segundos para ir a buscar el video a YouTube. Sólo hay que poner esa última frase, la que dice el amable señor. Adelante, búsquenlo. Yo los espero aquí.

¿YA? PUES COMO ESE SEÑOR. COMO ESE SEÑOR ESTAMOS EN NUESTROS DÍAS DEPRE. A SABER POR QUÉ PENURIAS ESTARÁ PASANDO ESE HOMBRE PARA QUE EL RÍO, POBRECITO RÍO, LE PAREZCA UNA MIERDA.

En ese estado de pez triste que se muerde la cola, también triste, estamos deseando llegar a casa para retozar en nuestra miseria momentánea como un cerdo en su lodazal preferido. En casa nos sentimos seguros y con total libertad de expresar como queramos nuestro malestar con el mundo. Y ahí es cuando experimentamos de primera mano lo TONTOS que llegamos a ser, ya que lo único que te apetece son los

típicos clichés.

PARA EMPEZAR, LA MÚSICA.

Es evidente que lo que nos vendría bien sería una inyección de energía y alegría de algún modo. La música a veces puede ser la mejor medicina y nos acompaña en muchísimos momentos de nuestra vida. Pues bien, al contrario de lo que sería lógico, la música que queremos escuchar en esos momentos de tristeza ES MÚSICA APTA PARA SUICIDIOS. Si estás triste, quieres estar peor. Ya que estamos, lo hacemos bien, hombre, con todo lo que conlleva. Las temáticas de esas canciones que escuchamos suelen adaptarse al motivo por el cual estamos depres.

- ¿Que terminaste con tu pareja? Ponte una canción de amor bonita y triste. De ese modo, recordarás los momentos preciosos que has vivido con él/ella y así llorarás lo que no has llorado en tu vida, mientras ves fotos de ustedes con esas sonrisas de esa felicidad que ahora mismo brilla por su ausencia. Sentirás incluso ganas de llamarlo/la, lo cual puede ser una catástrofe según la situación. Vamos, que de una forma u otra, el resultado es desastroso.

- ¿Que discutiste con un amigo? Escucha esa canción que hable de lo bonita que es la amistad. De lo importante que es para nuestras vidas y de lo felices que nos hace. Así te irás sintiendo poco a poco más como un torpe deprimido, ¿sabes?

- ¿Que te despidieron del trabajo? Ponte una canción en la que el cantante hable de lo perdido que está y de lo mucho que necesita encontrarse. De lo dura que es la vida y de lo poco que te sonríe a veces. De lo bien que se ven esa silla y esa soga, ya que estamos. ¡POR DIOS!

- ¿Que una persona importante en tu vida se fue a otro país? Una de esas canciones en las que le dicen «adiós» a alguien. De esas que hablan de marcharse lejos. De esas que te destrocen más por dentro y no te dejen levantarte de la cama/sofá/suelo/techo. (Lo del techo es por si estás poseído por algún demonio, que aquí no discriminamos a nadie.)

- ¿Que terminaste de ver todas las temporadas de una serie que te encanta? Ponte alguna canción que hable sobre sentir un vacío existencial, sobre sentirte perdido, sobre no saber cuál es tu lugar en el mundo. Todo esto mientras miras fijamente la lista de capítulos de esa maravillosa serie, sabiendo que ya está, que si la echas de menos y la quieres volver a ver, ya nada será lo mismo. Ya no habrá sorpresas ni ninguna carcajada inesperada. Digo carcajada porque esto me pasó a mí con una serie de humor que sugiero muy fuertemente: *Parks and Recreation*. Como estamos entre colegas, te la recomiendo, de verdad. Si no la has visto, ya tardas.

Ya que me sacas el tema, esto de terminar una serie es muy duro, ¿eh? Cuando la acabas, te quedas con una sensación en el cuerpo muy extraña. Te ronda una pregunta muy clara por la cabeza: «¿Y ahora qué hago con mi vida?». Esos momentos que pasaste viéndola... Y cuando digo momentos digo TODA LA MALDITA NOCHE ENTERA. ¿Ahora qué?

O ese vacío que sientes al terminar la última página de un libro. El momento de cerrarlo y quedarte mirándolo, pensando en todo lo que te ha hecho vivir.

Algunos libros son mejores que algunas personas, como los perros.

Sí, terminar una serie es un motivo perfectamente válido para sentirte depre un día normal.

EL OTRO CLICHÉ QUE REINA EN ESTE ESTADO DE ÁNIMO ES LA COMIDA.

Esos botes de helado que salen en las películas, aunque más que botes, debería decir CUBETA.

¿Dónde se encuentran esos helados? Está claro que en España, no. Helados de litro, ahí con cuchara y sin más. Eso ahogará las penas con azúcar y muchas calorías, claro que sí.

NORMALMENTE, CUANDO ESTAMOS TRISTES, NUESTROS AMIGOS INTENTAN ANIMARNOS.

Digo intentan, porque casi nunca cumplen su objetivo. Van con toda su buena intención, pero tú ahora mismo estás ofuscado/a y, ¿por qué no?, con ganas de pasar este mal trago en paz. Aquí van unas frases que se suelen decir y lo que yo, en ese estado de malhumor, acostumbro pensar cuando las oigo...

✓ **«No te ralles».**
TRANQUILO, NO SOY UN DISCO NI UN TROZO DE QUESO.

✓ **«Tienes que ser optimista».**
Y TÚ TIENES QUE DEJAR DE SER TAN FEO. NO ME DIGAS LO QUE TENGO QUÉ HACER.

✓ **«No te merece».**
¿QUÉ SOY? ¿UN TROFEO? ¿ACASO TENGO CARA DE COPA O DE MEDALLA? ¿SOY UNA NOTA EN UN EXAMEN DE LA ESCUELA?

✓ **«Vas a salir adelante, ya verás».**
SI TE PARECE SALGO HACIA ATRÁS COMO LOS CANGREJOS, PARA INNOVAR, QUE SOY MUY ORIGINAL, YO.

✓ **«Hay muchas cosas buenas esperándote».**

TAN BUENAS NO SERÁN SI LO ÚNICO QUE SABEN HACER ES ESPERAR.

✓ **«No llores».**

Y DALE CON DECIRME LO QUE TENGO QUÉ HACER... LLORO SI QUIERO, QUE *PA' ALGO* SOY MÍA.

✓ **«Sal a la calle y cómete el mundo».**

¿ME ESTÁS LLAMANDO GORDA? ¿ES ESO?

✓ **«Bueno, oye, poco a poco».**

NO, SI TE PARECE VOY POR UN FÓRMULA 1, QUE ESO DE LLEVAR COCHE ESTÁ MUY VISTO. Y TAMPOCO SOY UN PUTO CARACOL. IRÉ COMO ME SALGA A MÍ DE DONDE ME TIENE QUE SALIR.

✓ **«El tiempo lo cura todo».**

Y EL ALCOHOL TAMBIÉN Y NO LO VA PREGONANDO POR AHÍ.

✓ **«Recordarás esto dentro de un tiempo y te reirás».**

RECORDARÉ EL MOMENTO MÁS DOLOROSO DE MI VIDA Y ME REIRÉ, CLARO, PORQUE DENTRO DE UN TIEMPO TENDRÉ LA MENTE DE UN PSICÓPATA.

✓ **«Me debes 50 euros».**

NO SÉ DE QUÉ ME ESTÁS HABLANDO.

Y cosas por el estilo... Que ellos lo único que quieren es animarte y van con toda su buena intención, ¿eh? Pero claro, que en ese momento no está el horno para bollos. Lo peor que puedes decirle a alguien que está triste es que sea positivo. Es como decirle a alguien que está muy enfadado que se relaje. Provoca el efecto contrario y, además, con mucha fuerza.

Claro que en realidad aprecias que se preocupen por ti e intenten ayudarte. Si no lo hicieran, entonces sí que sería un drama. Imagínate tú ahí, solo contra el mundo. Que en ese estado lúgubre y taciturno («taciturno»..., siempre me ha gustado esa palabra; dila o piénsala muchas veces, ya verás...) cualquier cosa te parece un drama.

- Se te quema el pan y se te empieza a caer la lagrimilla. Abres el cajón buscando ese cuchillo de asesino para cortarte las venas.

- Te tumbas y encuentras la posición perfecta y maravillosa en el sofá, y ves que para alcanzar el mando te tienes que levantar; en ese momento, lo único que ves como opción es morir y organizarte a ti mismo/a un funeral a lo vikingo, poniéndote sobre un barquito de madera, lanzándote al río e incendiándote.

- Se te cae un calcetín a la calle mientras estás tendiendo la ropa en el balcón y, entre llantos desesperados, lo único que quieres es lanzarte por él desde tu sexto piso.

Por eso, creo que toca dar unos consejillos para evitar esta tristeza repentina y en la mayoría de los casos, indeseada. A veces lo único que hay que hacer es tirar de nuestra imaginación y ayudarnos a nosotros mismos a ahuyentar esos pensamientos negativos. ¿Que cómo se hace eso? **DENTRO LISTA:**

1. Imagina a un T-Rex intentando ponerse un sombrero. Si no te ríes con eso, es que no tienes corazón.

2. Imagina a un T-Rex intentando pintar las paredes de su habitación. Sí, es un mundo en el que los dinosaurios tienen casa. ¿Se acuerdan de esa serie cuyo nombre no recuerdo pero que era de dinosaurios y el bebé era rosa y muy cabroncete? Pues eso.

3. Imagina a un T-Rex intentando cortar flores del campo para regalárselas a su amada, la triceratops más bella del mundo jurásico. Le llega antes la cabeza al suelo que otra cosa.

4. Básicamente, imagina a un T-Rex haciendo cosas con esos bracitos tan chiquititos, chiquititos que parecen dos palitos finos y muy vulnerables ay, ay, aaay (léase con voz de cuando se le habla a un bebé).

5. Piensa en ese video del gatito que intenta saltar por la ventana, pero se resbala y se cae en plancha.

6. Mejor, directamente, ponte a mirar videos de gatitos que se caen.

7. Échate un pedo. En una situación de angustia, lo de echarse un peo aligera mucho la tensión. Por ejemplo, si estás discutiendo con alguien y tú o la otra persona se echa un pedo en medio de la discusión, es totalmente inevitable reírse, con lo cual, asunto resuelto. Es buen método. Imagina:

Dramatización de discusión

¡Es que esto es increíble!
¡Y yo no puedo creer que me hayas mentido todo este tiempo!
¡Pero yo te quiero!
¡No me vengas con eso ahora!
¡Corre échate un pedo!
¿Cómo?
¡ÉCHATELO SIN PENSAR!

Una de dos, o la otra persona se saca tanto de onda que ya no sabe qué decir, o se echa el peo y se ríen los dos. ¡No falla!

8. Intenta pensar con una voz extraña. Es decir, todo lo malo que te pasa por la cabeza, piénsalo con una voz que no es la tuya. Te reirás y la gente pensará que se te has vuelto loca, pero funciona.

9. CHOCOLATE.

10. MÁS CHOCOLATE.

11. TODO EL CHOCOLATE.

12. TÚ Y LA FÁBRICA DE CHOCOLATE. TÚ SIENDO WILLY WONKA. TÚ DE CHOCOLATE. TE COMES A TI MISMO. ¿DESAPARECES O DOBLAS DE TAMAÑO? PIÉNSALO AHÍ. ME PASÉ, ESTO YA NO ES UNA LISTA NORMAL. ESO ES LO QUE PASA CUANDO ME HABLAS DE CANTIDADES INGENTES DE CHOCOLATE.

13. Mi perra hace una cosa que es bastante divertida: en lugar de perseguirse la cola, se persigue la pata trasera. Suele ser la izquierda. Cuando consigue atraparla, lógicamente, se cae. Piensa intensamente en eso.

14. Pídele a tus amigos por ese grupo de whatsapp que tienen que te manden audios con sonidos de pedos. En serio, los pedos nunca fallan.

¿Qué conclusión sacamos de esta maravillosa lista? Pedos, T-Rex, chocolate y gatos cayéndose. Nada más que añadir, señoría.

Si con esas cosas no consigues reírte y no se te pasa ni un poquito, piensa en que seguro que hay mucha gente muchísimo peor que tú. Hay que saber apreciar lo que tenemos en nuestra vida, en lugar de lamentarnos por lo que no tenemos. Es un truco que comparto ahora mismo contigo. No sabes lo afortunados que somos por la simple razón de existir. ¿No lo has pensado nunca? De millones y millones de posibilidades, naciste tú. TÚ. Ya sólo por ese hecho, nacemos siendo afortunados. Depende de ti saber apreciarlo y depende de ti ser feliz. Eso no significa que en cuanto te sientas un poco triste debas dejar de estarlo en seguida. Es un error que cometemos la mayoría. También está bien sufrir un poquito. Es cuando más aprendemos de nuestros errores y podemos así no volver a cometerlos (aunque seguro que los repetiremos, somos así de tontos). Sufre, llora, recapacita (RECAPACITA, JUSTIN), aprende y *p'alante*, que para eso estamos.

ESTO QUEDÓ DEMASIADO CURSI...
Piensa en metralletas, persecuciones de coches por las calles de San Francisco y cosas explotando. Así, mejor. El azúcar vuelve a estar en los niveles normales.

CUANDO VES A ALGUIEN POR LA CALLE QUE

NO QUIERES SALUDAR

Ay...

¿Qué sería de nosotros sin las apariencias?

Nos relacionamos constantemente con gente a la que no tragamos, a la que no queremos ver ni en la pintura más preciosa del universo.

Debemos aparentar (por el motivo que sea, cada uno tendrá el suyo, ¿no?) que no nos incomoda para nada su presencia.

Yo pienso que todos tenemos relaciones así. Gente que nos cae mal, pero no podemos demostrárselo por alguna razón. O bien es de tu familia política, tu jefe, la pareja de tu mejor amigo/a, el nuevo novio de tu madre, o simplemente alguien con quien no queremos tener problemas.

Sí, somos así. Sinceramente, siempre soy partidaria de dejar las cosas claras. Si alguien no te cae bien, no tienes por qué aparentar que sí. Personalmente, me cuesta hacer eso y, si alguien me cae mal, lo va a notar. (Si me conoces y crees que me caes mal o simplemente no me interesas, por mi actitud contigo, seguramente sea así). (Aunque también puede ser que esté en mis cosas sin más). (No sé). (Voy a dejar de hablar entre paréntesis). (Ahora mismo). (Una vez más, esto se me está yendo de las manos.)

Somos millones de personas en el mundo y no todos podemos llevarnos bien. Sería imposible, a la par que aburrido. Imagínate que toda la gente se llevara bien. Muchos se quedarían sin nada con qué entretenerse. ¿Qué harían las señoras sin nadie a quién criticar? Probablemente preocuparse por otras cosas más interesantes y enriquecedoras. ¿A qué se dedicarían los trolls que insultan por internet? A nada en absoluto, ya que la gente que hace eso posiblemente no tenga vida social ni inteligencia para respirar por sí sola. ¿Qué pasaría con los programas del corazón? Se sentarían tranquilamente a hablar de lo que fuera, sin gritar ni hablar unos por encima de los otros.

OH, DIOS MÍO... ¡SERÍA UN MUNDO PERFECTO!

Nah..., en realidad no. De las cosas malas es de lo que más se aprende, con lo cual, si el mundo fuera un lugar tranquilo, seríamos seres muy estúpidos.

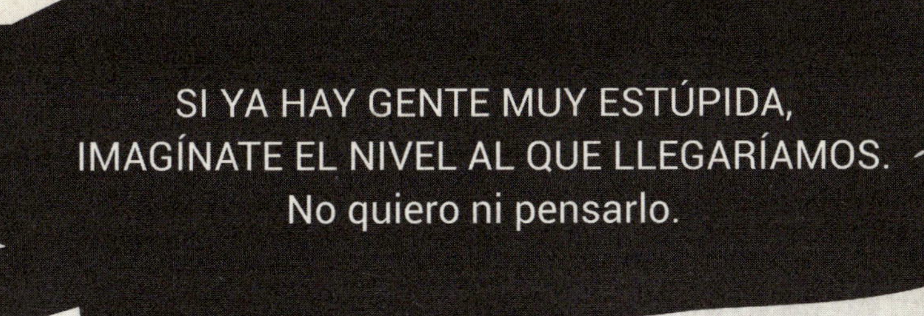

(En seguida entenderán por qué les dije esas cosas. En cuanto lean la palabra «PLÁTANO» hilaré el asunto, ya verán.)

Con la cantidad de gente que hay en el mundo, es normal que alguna que otra vez nos crucemos por la calle con alguien conocido. Analicemos estos encuentros...

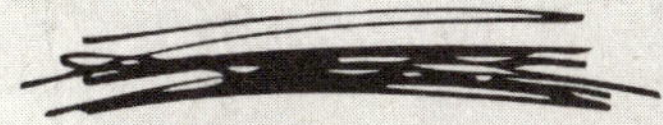

✓ **SI TE ENCUENTRAS CON UN AMIGO POR CASUALIDAD,** la cosa va bien. Se caen bien, se tienen cariño o incluso se quieren mucho. Se conocen de toda la vida, con lo cual ese encuentro va a fluir como tiene que fluir. Hablan de por qué están por ahí y puede que coincidan en su camino, así que se pueden hacer compañía, lo cual casi nunca viene mal.

✓ **SI SE ENCUENTRAN CON ALGUIEN CON QUIEN NO HAY MUCHA CONFIANZA,** la cosa va un poco diferente... Hay varios factores que siempre van a estar allí para volver la situación lo más incómoda posible:

1. Se ven los dos de lejos. Van en direcciones opuestas, de frente. Saben que se van a encontrar de un momento a otro. Esos segundos desde que se ven hasta que están el uno en frente al otro se vuelven eternos y muy incómodos.

2. En caso de que no haya intención de pararse a intercambiar cuatro palabras, cuando se acercan, ¿qué dices, «hola» o «adiós»?

3. Si se detienen y se disponen a mantener una de esas conversaciones banales, se creará un silencio incómodo tarde o temprano.

4. Si por fin superan la prueba de la incomodidad máxima, toca despedirse. ATENCIÓN: procura ser más rápido que el otro, ya que si resulta que él o ella empieza a ir hacia la misma dirección a la que tú querías ir, la situación se vuelve insostenible. Comienza tú a caminar rápidamente, para que si esa persona tenía que ir por ahí también, sea ella la que tenga que cambiar de rumbo para evitar la incomodidad, no tú. Si no actúas rápidamente, te tocará dar una vuelta indeseada para no tener que caminar con esa persona.

5. El «ya quedaremos para un * inserte cualquier bebida aquí *»... Odio esa frase. No hace falta decirla, de verdad. Sabemos que nunca, NUNCA, se queda. JAMÁS. ¿Para qué seguir engañándonos a nosotros mismos? Mejor no digas nada y si quedan, quedan, y si no, pues no. PUNTO.

Esto de encontrarse a gente por la calle en realidad tiene mucho encanto... Encanto o ridículo máximo, según como se mire.

HAY DISTINTAS SITUACIONES QUE NOS HAN PASADO ALGUNA VEZ, PERO QUE REZAMOS PARA QUE NO SE REPITAN.

De esto que vas tranquilamente a tu rollo y de repente ves, no muy lejos de ti, a un amigo. Lo llamas por su nombre, pero ves que no se gira, con lo cual, no te oyó. Gritas más alto su nombre varias veces y nada, no hay éxito. Decides hacer aspavientos mientras vuelves a gritar el nombre de tu amigo, cuando, efectivamente, ves que NO ES ÉL. ES UNA PERSONA QUE SE LE PARECE Y QUE AHORA MISMO ESTÁ MUY CONFUNDIDA. TE TIENE A TI LLAMÁNDOLE DESESPERADAMENTE POR UN NOMBRE QUE NO ES EL SUYO. LO MISMO LE DESPIERTAS UNA CRISIS DE IDENTIDAD Y YA LA HEMOS CAGAO. En ese momento se te cae el alma al suelo... Sí, has hecho el ridículo. Ahora lo que toca es intentar disimular para, al menos, conservar la poca dignidad que te queda. ¿Cómo hacerlo? Pues como hacemos todos: seguir saludando. ¿A quién? Pues al aire. Sigues saludando como si ese amigo invisible estuviera ahí, más atrás de la persona con la que lo habías confundido. Así hasta perderla de vista. Si tienes que ir saludando toda la Gran Vía, lo haces y punto. **CUALQUIER COSA POR CONSERVAR ALGÚN RESQUICIO DE DIGNIDAD.**

Poca dignidad te queda también cuando ves a alguien que no conoces saludándote. Tú con la confusión al máximo, no sabes qué está pasando ni por qué te saluda, pero sin pensarlo demasiado le devuelves el saludo, incluso con una sonrisita asomando por esas comisuras.

¿Será alguien que conozco pero no recuerdo?

¿Habré hecho un nuevo amigo?

¿Será mi hada madrina?

Esos son los pensamientos que pululan por tu cabeza en ese momento. Bien, esos pensamientos cambian de forma radical cuando pasa una persona por tu lado, saludando también a la que previamente te estaba saludando a ti... NO. NO TE ESTABA SALUDANDO A TI. AHORA TE DAS CUENTA. ESTABA SALUDANDO A ESTE/A QUE ACABA DE PASAR POR TU LADO. Y TÚ COMO IMBÉCIL SALUDANDO FELIZ, CON ALEGRÍA Y SORPRESA. AY, DIOSITO. Decides adoptar la táctica de seguir saludando al infinito, pero sabes que en ese momento no hay salvación posible. Toca resignarse. PLÁTANO. (¿Viste? ¿Viste cómo hilé el tema? Quedó genial y pega un montón.)

Ahora, traslademos este tipo de situaciones a la gente de la que hablábamos al principio. Gente que te cae mal. Gente a la que no le darías agua ni aunque fueras el dueño del pozo más abundante en el desierto más caluroso.

¿Sabes ese gesto de escupir al suelo cuando se escucha algo que no gusta? Eso haces cada vez que oyes su nombre. Es algo que siempre te ha traído problemas, por escupir mal y que se te quede la babilla en la barbilla o escupirle sin querer en el pie a alguien que pasaba por ahí. Pero son tus principios y los mantienes, oye. Si no los mantienes tú, no los va a mantener nadie.

Digamos que hay un tal Manolo que te cae mal. Tú vas caminando por la calle, tranquilamente, escuchando música, pensando en tus cosas, cuando de repente divisas una figura que te es familiar.

No te inspira buen rollo, así que te pones alerta. ES MANOLO. No lo quieres ver, no quieres ni cruzar un saludo rápido con Manolo. Manolo no te cae bien. Aquí tienes varias opciones. Algunas requieren años de práctica y estudio, pero la mayoría son muy sencillas de realizar y bastante efectivas.

1. Agachar la cabeza y mirar el celular. Si no tienes ninguna conversación activa, puedes disimular escribiendo JDFJNKDÑFIWNORVNLDÑA en el teclado de tu celular. Pasas por su lado y rezas para que no te salude.

2. Hacer como que se te olvidó algo y dar media vuelta. De nuevo, reza para que Manolo no corra detrás de ti para saludarte. Manolo es muy así.

3. Empezar a correr. Finges ver algo en la lejanía, más allá de Manolo, y corres hacia ello. Manolo no tendrá el valor de pararte, ya que pensará que es urgente.

4. Desmayarte. Atraerás la atención de la gente, se pondrán en círculo a tu alrededor y asunto zanjado. Cabe la posibilidad de que Manolo sea buena persona y quiera ayudarte. Esperemos que no.

5. Empezar a bailar *breakdance*. De ese modo conseguimos el mismo resultado que si nos desmayáramos, pero además algo de dinerito. Como supongo que la mayoría de los que están leyendo esto no saben bailar *breakdance*, al menos les darán dinero por pena o exceso de vergüenza ajena: te pagarán para que pares.

6. Camuflarte. Esconderte. Ser ese árbol que tienes a tu lado. Si Manolo se da cuenta de que te estás escondiendo, no tendrá valor de ir a preguntarte qué haces. Más que nada por no hacerte morir de la vergüenza, que Manolo es muy considerado.

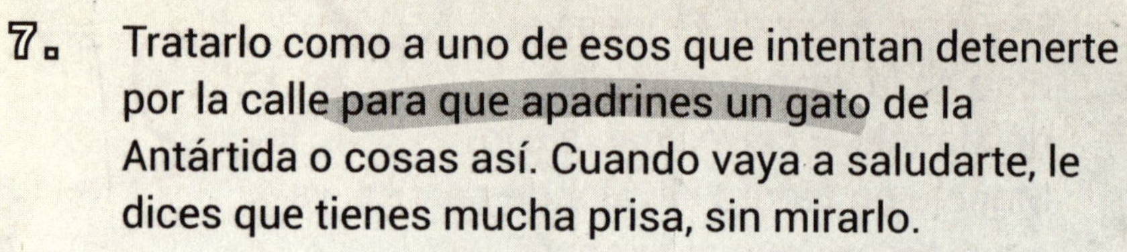

7. Tratarlo como a uno de esos que intentan detenerte por la calle para que apadrines un gato de la Antártida o cosas así. Cuando vaya a saludarte, le dices que tienes mucha prisa, sin mirarlo.

8. Fingir que te quedas ciego/a. «¡OH, DIOS MÍO, NO PUEDO VER!». Y corres despavorido/a.

9. Cuando te salude, decirle con un acento extraño que no eres esa persona que cree que eres.

10. Fingir que eres una de esas personas que hacen de estatua. Simplemente te paras en un lado de la acera y miras al infinito, sin mover un solo músculo si Manolo te saluda.

11. Ponerte en medio de la calle para conducir tu coche invisible.

12. Atraer un grupo de japoneses haciéndoles pensar que eres guía turístico. Manolo no te interrumpiría en tu horario de trabajo, él tiene en cuenta estas cosas.

13. Fingir que eres sordo/a. Te llamará, pero no lo oirás y seguirás en lo tuyo sin pensar en nada más.

14. Meterte corriendo en una tienda para esconderte. Si no hay ninguna tienda cerca, métete dentro de algo. Lo que sea.

15. Empezar a caminar hacia atrás; así no verás a Manolo y no habrá ningún problema.

16. Si eso no funciona, optar por caminar dándole la espalda sólo a él. Igual así lo capta.

17. Usar la técnica bicho bola. Cuando pase, te encoges como una bola y que sea lo que Dios quiera.

18. Hacer *parkour* para huir de él. Si no sabes hacer *parkour*, inténtalo, que seguro que te divierte un montón.

19. Tírarte al suelo y hacerte el muerto.

20. No moverte. Puede ser que su visión se base en el movimiento. Por probar que no quede.

21. La clásica táctica de «¡detrás de ti!». Se lo dices así como alarmado/a y, en cuanto se gire, corre.

CORRE COMO EL VIENTO, CAMPEÓN.

Ahora que lo pienso, Manolo no parece tan mala persona. Es atento, considerado, se preocupa por mi bienestar... No sé por qué me cae mal Manolo, si parece una bellísima persona.

Seguramente me dejé llevar por prejuicios estúpidos que saqué de alguna situación desfavorable, un malentendido o la opinión de un amigo sobre Manolo.

IGUAL SÍ QUE SERÍA INTERESANTE INTENTAR CONOCERLO MÁS, O AL MENOS NO CERRARME TOTALMENTE A ELLO.

Al fin y al cabo, cada uno es como es y tampoco soy nadie para juzgar a una persona que apenas conozco. Tendemos a sentenciar en seguida el tipo de persona que puede ser Manolo, pero en realidad no tengo ni idea, ya que no me he preocupado por intentar conocerlo más a fondo. Podría estar perdiéndome una amistad valiosa con él y aquí estoy, maquinando **21 formas de esquivarlo** por la calle. Creo que lo mejor que puedo hacer es no juzgar sin conocer y, sobre todo, ser amable con la gente. *Work hard and be nice to people*, ¿no?

NAAAAAAAAAAH

EN EL CINE

Bendito séptimo arte que nos regala joyas audiovisuales para nuestro propio disfrute personal.

Bendito cine.

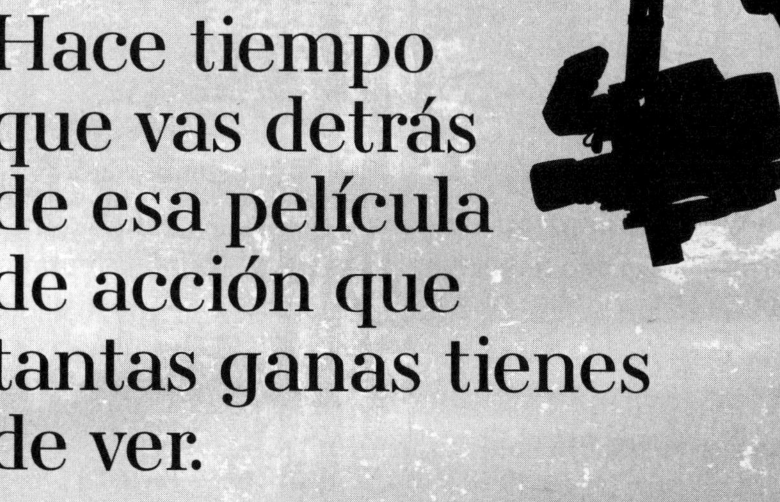

Hace tiempo que vas detrás de esa película de acción que tantas ganas tienes de ver.

Te apetece verla en el cine porque, claro, esas pelis son para verlas en el cine, con la pantallota, el sonido bien alto, la buena butaca, unas palomitas, un refresco y buena compañía.

Es un gran plan, ¿o no? Así que convences a alguien para ir contigo. Tu pareja, un amigo, tu pandilla o quien sea. Eso me pasó a mí. Quise ir a ver una película de esas chulas con explosiones y superhéroes, que me gustan mucho a mí las películas de superhéroes.

Fui con toda la ilusión de pasar una tarde tranquilita, agradable... Inocente.

Nada más entrar en la zona de las taquillas, ese olor a palomitas me impregnó la nariz y me volvió a enamorar por vete-tú-a-saber-qué vez. Me acerqué a la que estaba vendiendo los boletos y con mi emoción y alegría le dije:

— Dos para la sala cuatro, por favor.

— ¿La función de ahora?

— Sí.

— ¿Tienes credencial Joven?

— No. (Nunca he tenido credencial Joven...)

— Vale, son &/%(/&, por favor.

— ¿Cómo?

— &/%(/&.

— ¿Perdón? Es que no le entendí bien.

— Que son **19 euros,** por favor.

En ese momento sentí que algo ardía dentro de mí. No sé si era la rabia o el coctel molotov que había encendido inconscientemente mientras me decía el precio. ¿19 euros? ¿ESTAMOS LOCOS? Sé que no es así en todos los cines. Hay muchas zonas de España en las que los cines aún no tienen ese peso genital que tienen la mayoría de cines de Barcelona. Y MENOS MAL. Nueve con cincuenta cada jodida entrada y ni siquiera era en 3D. En ese punto yo ya estaba calentita. Y acabábamos de llegar...

Mi cartera ya estaba que no sabía dónde meterse cuando nos acercamos al puesto donde venden palomitas. Te paras un segundo a mirar las ofertas que tienen. Lo que más me sorprendió fue ver la palabra «menú» pululando por ahí. «Menú Dúo», rezaba el cartel. Ese «menú» consiste en un cubo grande de palomitas con dos bebidas grandes. Vamos a ver... Creo que el concepto de menú no lo tenemos claro. ESO NO ES UN MENÚ. ESO SON UNAS PUTAS PALOMITAS GRANDES CON DOS BEBIDAS. LLÁMALO OTRA COSA, YO QUÉ SÉ..., «COSAS PA COMER MIENTRAS VES LA PELI» SERÍA UN BUEN NOMBRE, PERO ¿«MENÚ»? ¿DÓNDE VES TÚ EL MENÚ? EL MENÚ NO EXISTE. EL MENÚ ES UNA MENTIRA, COMO ESE MALDITO PASTEL. (Referencia videojueguil. Si la conoces, choca.)

Bueno, vamos a hacer como que no vimos nada y les perdonamos la vida. Pedimos ese «menú» dúo, ya que éramos dos. Más claro ni el agua. Vemos cómo llena ese cubo enorme con esas palomitas recién hechas (aunque eso, el día que tienes suerte; lo normal es que te ponga las que están un poquito rancias ya...). Total, te sirve la bebida, te lo pone todo en el mostrador y...

— Aquí su menú y las bebidas. Son %$·&$/.

— ¿Perdón?

— %$·&$/.

— ...

— %$·&$/.

— Dilo. Dilo una vez más. Te reto a que lo digas una vez más.

— Son **12.50.**

Creo que en ese momento la que nos estaba atendiendo pudo sentir la ira de Zeus, de Hércules, de Hades y de esa novia que cuando le preguntas qué le pasa te responde «nada». TODA ESA IRA JUNTA. Me poseyó el espíritu de Samuel L. Jackson AKA Jules Winnfield en *Pulp Fiction* (sí, tuve que buscar en Google el apellido).

Le hice daño con los ojos, creo.

No pude ocultar mi mirada extremadamente atónita. Creo que, si abro más los ojos, llega un otaku y me pregunta de dónde he sacado ese cosplay. No daba crédito, como mi banco. Anonadada me hallaba en ese momento.

12.50... unas palomitas... PALOMITAS... ESTAMOS HABLANDO DE PALOMITAS... COPITOS DE MAÍZ QUE EXPLOTAN. ALGO QUE ES CASI TODO AIRE. PA. LO. MI. TAS. Tengo unas cuantas dudas sobre esas palomitas:

- ¿Están hechas de oro?
- ¿De plutonio?
- ¿De pladur?
- ¿Las podrías vender por e-bay y obtener beneficios?
- ¿Fueron calentadas en el mismísimo Monte del Destino por las tropas de Uruk-hais creadas por Saruman?
- ¿O quizá las calienta Panoramix en su olla?
- ¿Llevan poción mágica?
- ¿El maíz fue cultivado en el País de Nunca Jamás?
- ¿O puede que en Narnia?

- ¿Fue cultivado por hobbits, quizá?
- ¿Por hadas con sus diminutas manitas?
- ¿Bajó Jesucristo del cielo para recolectar ese maíz?
- La máquina que calienta las palomitas ¿fue fabricada por el mismísimo Obama en persona?
- ¿Construyó Obama esa máquina con sus propias manos?
- ¿O quizá fue la reina de Inglaterra?
- ¿Le costó hacerla por la artrosis y es por eso que son tan caras?
- Los botes de cartón donde meten las palomitas, ¿de dónde salen?
- ¿De los árboles del Bosque Prohibido?
- ¿Fue Aragog quien ayudó a talar los árboles?
- ¿No sabes quién es Aragog?
- ¿Acaso no has leído *Harry Potter*?
- ¿Qué clase de persona eres?
- ¿Seguimos con las preguntas sobre las palomitas?
- ¿Dónde les dan forma a esos cartones?
- ¿Les da forma el zombie de Miguel Ángel, resucitado especialmente para esculpir los mejores botes de palomitas de la historia?

- ¿Resucitaron también a Andy Warhol para hacer el diseño de los botes?
- ¿Planean crear un ejército de artistas famosos zombies para llevar a cabo todo el proceso?
- Cuando las palomitas explotan, ¿crean un sonido que se podría considerar una obra de arte musical?
- ¿Por ese motivo las tienen que vender tan caras?
- ¿Acaso las tienen que tratar una por una?
- ¿Cada palomita necesita unos cuidados especiales?
- ¿Tienen que llevar las palomitas a que las bendiga el Dalai Lama antes de venderlas?
- ¿Te predicen el futuro?
- ¿Son palomitas parlantes?
- ¿Podrías hacer una fortuna en el circo con esas palomitas y por eso están al precio que están?
- ¿Te preparan el desayuno por las mañanas?
- ¿Te podrías llegar a enamorar de esas palomitas?
- ¿Son esas palomitas la reencarnación de Michael Jackson?
- ¿Saben hacer el *moonwalk*?

Y lo más importante de todo...

¿SE PAGAN LO QUE VALEN A ELLAS MISMAS?

Todas esas dudas me asaltaron en el momento en el que me dijo el precio de las palomitas. Imagínate la cola que se formó... Tardé en reaccionar, porque me quedé realmente en *shock*. No sabía qué hacer, **ASÍ QUE SAQUÉ LA CARTERA Y APOQUINÉ**. En ese momento no se puede hacer nada más. Apoquinas y te callas, aunque lo haces con un fuego por dentro que podría iluminar Hogwarts entero. Piensas que..., bueno..., que es una vez cada mucho tiempo; que por una vez no pasa nada, que no vas a poder sentarte en la butaca porque te han dejado el culo escocido. **SIN VASELINA.**

En ese momento, tu cartera decide hacer las maletas e irse. Saca sus bracitos chiquititos, sus maletitas pequeñitas, sus piernecitas y se va caminando como puede.

No muy rápido, porque sus piernas no dan para más. Pero tú la ves alejándose, sabiendo que no puedes hacer nada para impedírselo. Comprendes que tiene todo el derecho de irse. Abusaste de ella y no pudo aguantar toda esa presión. Te da pena, intuyes que estará mejor en otras manos. En manos que no se gasten toda ese dinero en ir al cine, por ejemplo...

Bueno. Estás ahí, con tus boletos, tus palomitas y triste por la huida de tu cartera. Ya que estamos, vamos a ver la peli, ¿no?

Te acercas al que te mira los boletos, se los das, Y NI CORTO NI PEREZOSO VA Y LOS ROMPE. ¡¡¡¿PERO TÚ SABES CUÁNTO ME COSTÓ ESE CACHO DE PAPEL? NO, NO LO SABES, PORQUE, SI LO SUPIERAS, NO ME LOS ROMPERÍAS, INSENSIBLE!!!

Entonces, me quedé mirando mis boletos rotos, mientras oía decir al hombre sin corazón: «Sala cuatro, por ahí». Guiada por el piloto automático, avancé con quien me acompañaba hacia esa sala. Aún estaba en *shock* por todo lo que estaba pasando. Sentía como si me estuviera golpeando un grupo de diez *skins* con siete bates en cada mano. No sabía de dónde me venían los golpes.

Entré en la sala y, obviamente, hice caso omiso de los asientos que tenía asignados y me senté donde me dio la real gana, esperando y rezándole al diosito de los culos escocidos que no viniera nadie a decirme que ese era su asiento. Se empezó a llenar la sala y cuando comenzaron los anuncios, seguíamos ahí.

SUCCESS.

Mira, si se habla durante los anuncios, oye, sin problemas; no interesan a nadie y, si no se escucha lo que dicen, pues no pasa nada.

Lo que ocurre es que lo que se hable durante los anuncios y los *trailers* funciona como un anticipo, permite hacerse una idea de lo que se hablará durante la película; normalmente la proporción de cuchicheos se reduce un 70%, así que calcula... Si ahora oyes muchas voces, prepárate para sentir la ira de los dioses mientras estés viendo la peli.

Eso es algo que no soporto. Hay pocas cosas que me ponen nerviosa. Concretamente, tres: que la peli que estás viendo en tu casa por la computadora DE MANERA SUPERLEGAL se deje de cargar y se corte a la mitad, en medio de toda la acción; que choquen conmigo por la calle y ni se giren para pedirme perdón (eso me pone de una mala leche exagerada); Y QUE LA GENTE HABLE EN EL CINE.

Pero es que a veces no se conforman con hablar. A VECES GRITAN. SIN MIRAMIENTOS. SIN PREOCUPARSE DE NADA, COMO SI ESO FUERA SU MIERDA DE CASA... perdón.

> Si ves que en la sala entra un grupito de chavos adolescentes, date por perdido.

Pues bien, aquel día PASÓ. Entró un grupo de chicos a ver la película y yo ya me eché las manos a la cabeza. No me eché las palomitas porque no quería perder tan valiosísimo tesoro. En realidad, me daba hasta cosa comérmelas. Me echo una a la boca y ¡TOMA!: medio euro; otra y... ¡YEPA!: veinte céntimos. Así no se puede comer tranquila, oye, no se puede.

Empezó la película y el grupo de chicos seguía hablando, pero menos mal que siempre están los típicos que sueltan su «SHHHHH» que surte efecto inmediato. Al menos durante un ratito. La cosa es que estábamos viendo la *peli* tranquilamente, con voces esporádicas de este grupito, cuando de repente dos de los integrantes de este grupo de maleducados SE EMPEZARON A PELEAR. SÍ, A PELEAR. ASÍ, POR LA CARA, DANDO GRITOS. Uno diciendo que el otro había tocado a no sé quién y que su novia no sé cuántos.

¿Pero es que acaso hay algo que les impide oír sus propias voces? ¿Es que no son capaces de darse cuenta de que están molestando?

¿O es que les importa muy poco? Yo creo que es esta última la opción correcta, lo que me pone aún más de los nervios.

En fin, ¿qué le vamos a hacer? Todos hemos sido adolescentes alguna vez y, por lo tanto, gilipollas. MUY gilipollas.

Si eres adolescente y estás leyendo esto, **no te ofendas.** Si no entiendes esto que digo ahora, lo entenderás más adelante. **CRÉEME.** Ahora mismo tienes una actitud de descubrimiento, pero a la vez te piensas que lo sabes todo y **quieres ser rebelde porque es lo que ahora te funciona**.

> No conozco a nadie que no piense que era muy gilipollas cuando era adolescente. Yo lo era. Y ahora... ahora también, maldita sea.

Aparte de estos chavalines a los que les importa poco todo, están las típicas personas que tienen que comentar absolutamente cada cosa que está pasando en la película con la persona que tienen al lado. A ver, persona que hace eso..., ¿tienes algún trastorno visual que te hace pensar que estás en la jodida sala de tu casa? Porque es la única explicación lógica que le encuentro al asunto.

O la persona que no se entera de nada y va preguntando a cada cambio de escena quién es ese, por qué está con esa o por qué murió este otro...

Aunque bueno, la verdad es que tengo que confesarles que... yo hago eso CHAN, CHAN, CHAAAAAAN. PERO lo hago en casa, no en el cine. No porque no entienda lo que está pasando, que podría suceder perfectamente, dado mi nivel de gilipollismo, sino porque muchas veces sueño despierta mientras veo la *peli*. Se me va completamente la historia y me creo la mía propia en mi cabeza. Claro, así no hay quien entienda un argumento.

Bueno, parecía que la tormenta había pasado. Los chavales se habían ido de la sala y podíamos disfrutar tranquilamente. O eso parecía... De repente, noté un golpe en mi asiento. No le di importancia, quizá el espectador sentado detrás, al moverse, me había rozado sin querer.

Otro golpe. Y otro. Y otro. Y ahora golpecitos. Puede ser que esto ya no sea sin querer, ¿no? LOS JODIDOS GOLPECITOS EN LA BUTACA. Igual la persona tiene las piernas cruzadas y hace el gesto de mover el pie rápidamente, como nervioso, ¿sabes?; muchas veces me encuentro a mí misma con el pie a 100,000 revoluciones por segundo. No hay problema, nos pasa a todos. PERO, VAMOS A VER... SI VES QUE ME ESTÁS DANDO GOLPES EN EL ASIENTO, ¿POR QUÉ NO PARAS? ¿POR QUÉ NO TE METES EL PIE POR EL CULO? IGUAL ASÍ TE CALMAS Y DEJAS DE MOLESTAR. ES UNA SUGERENCIA DE AMIGOS. DE BUEN ROLLO.

Es que, a ver..., si ves que estás golpeando el asiento del de delante, SABES, porque lo sabes, que esa persona lo está notando. ¿Que por qué hay gente que no para? Pues lo mismo que con los adolescentes que gritaban... LES IMPORTA MUY POCO.

Hay gente que es así. No se puede hacer nada...

La verdad es que ir al cine es toda una odisea.

Una odisea para tu cartera, claro, que llegas a casa con 30 eurazos menos y puede que ni siquiera te haya gustado la maldita película. Es por eso que la enorme mayoría de veces opto por verlas en mi casita, calentita con la manta si se requiere (si es verano, no me pondré una manta, a menos que quiera crear un nuevo ecosistema). Opto por verlas en casa de manera totalmente legal y nada piratilla, nada más lejos de la realidad... NADA MÁS LEJOS DE LA REALIDAD, TE DIGO. DE VERDAD. EN SERIO. ESTO VA TOTALMENTE EN SERIO.

Iba a terminar haciendo un comentario sobre las nuevas leyes que afectan a «las películas superlegales» que TODOS consumimos, pero como hablar de política, religión o fútbol siempre trae problemas, comentaré lo mona que está mi perra ahora mismo durmiendo panza arriba, despatarrada.

Los perros son amor. Amor del bueno.

(Creo que es el capítulo mejor terminado de la historia.)

EN EL METRO

Hay muchísimas historias de amor naciendo día tras día, pero creo que los enamoramientos más breves del universo son los que ocurren en el metro.

Quién no ha tenido un pequeño enamoramiento con alguien que vio en el metro?

Ocurre día a día. Miles y miles de personas cruzan miradas unas con otras de camino al trabajo, a la universidad, a la escuela o a la comunión de su gato.

Cruzar miradas con alguien no es tarea fácil. Estás en una situación en la que no puedes escapar hasta que no llegue tu parada. Digamos que estás muy metido en tu rollo y de repente te miras a los ojos con otra persona. AHÍ HAY UNA CONEXIÓN. UN FLUIR DE SENTIMIENTOS EXTRAÑOS QUE NO LLEGAN A NINGUNA CONCLUSIÓN. No sé por qué lo digo alterada. Quizá para parecer más intensa.

La cosa es que igual te quedaste congelado mirando fijamente a alguien, sin ninguna intención. No porque te guste ni nada de eso. Igual te quedaste mirando a un señor mayor y no significa que sea el amor de tu vida. Simplemente, te quedaste mirándolo, sin pensar en nada. El señor se percata y te mira de vuelta. ESE SUSTILLO QUE TE DA, ¿EH? A mí me da sustillo en plan «¡HOSTIA, *M'HA PILLAO!*», y para solucionarlo miras automáticamente hacia algo que esté más lejos. Como si no lo hubieras estado mirando a él, sino más allá de él, a través de él. ESTABAS MIRANDO EN SU INTERIOR. LE ESTABAS ANALIZANDO EL ALMA, QUE NOS CONOCEMOS, QUE SIEMPRE VAS POR AHÍ ANALIZANDO ALMAS.

CON ESTE TIPO DE ENCUENTRO MIRADIL HAY QUE TENER CUIDADO.

Igual das con un señor para quien el menor de sus problemas es que te hayas quedado *empanao* mirándolo, pero también puedes encontrarte con esa gente loca a la que una mirada ya le parece una amenaza.

CUIDAO AHÍ. CAUTION. DANGER. MIND THE GAP.

EMPUJE/TIRE. ABREFÁCIL.

Para evitar las miradas intensas incómodas, tenemos la opción de mirar el celular.

Es nuestro salvador para situaciones como esta. Un jueguito, una conversación de whatsapp, Twitter, Y POCO MÁS. Porque, al menos a mí, no me dan los datos para otra cosa. Está claro que funciona, porque no hay más que levantar la cabeza y ver que la mayoría del vagón del metro está haciendo lo mismo.

AHÍ SE PUEDEN DISTINGUIR VARIOS TIPOS DE PERSONAS.

1. **Los que están con el celular.** Me aventuraría a decir que muchos de los que están leyendo esto forman parte de este grupo.

2. **Los lectores.** Creo que estos podrían ser los mismos que los del primer grupo (algunos), ya que, cuando se te acaba la batería, siempre va bien tener un librito a la mano. Es increíble, además, lo rapidísimo que se te pasa el trayecto cuando vas leyendo. Si eres de los impacientes, te recomiendo que tomes algún libro y lo leas en el metro. OH, DIOS. PUEDE QUE AHORA MISMO ESTÉS LEYENDO ESTO EN EL METRO O EN CUALQUIER OTRO TRANSPORTE PÚBLICO. SI ES ASÍ, PESTAÑEA DOS VECES PARA QUE YO ME ENTERE. ESTÉ DONDE ESTÉ, LO SABRÉ.

3. **Los que no quieren saber nada.** Son los que hacen el trayecto más llevadero escuchando música. En su rollo, en su mundo, sin oír otro sonido que no sea su musiquita.

4. **Los que quieren que todos lo sepan.** Aquellas personas que no saben de la existencia de unos aparatitos muy útiles llamados AUDÍFONOS. Ponen su música en el celular para sufrimiento de todos. Y digo sufrimiento porque el tipo de música que suelen escuchar estas personas, sólo les gusta a ellos.

5. **Los que duermen.** Esos son los que tienen más suerte, yo creo. Pueden dormirse sin ningún tipo de reparo en el trayecto y NO PASARSE DE PARADA. Incluso se despiertan en el momento justo, como si tuvieran algún tipo de resorte que se activa cuando llegan a su destino. Personalmente, si puedo evitar eso, lo evito. Más que nada por la cara que se me pone al dormir sentada, con la cabeza caída y babeando. No es plan.

6. **Los *ensimismados*.** No hacen nada de lo anterior. Simplemente miran al vacío, sin pensar en nada, o al menos eso es lo que expresa su cara.

7. **Los *ensimismados* místicos.** Son una clase evolucionada de *ensimismados*. Años de ensimismamiento los amparan. Hacen exactamente lo mismo que los *ensimismados*, pero con cara de que están pensando algo interesante. Una mirada profunda, penetrante, mística.

Saben algo que nosotros no sabemos. Seguro.

8. **Los niños.** Estos pequeños seres, cuando se suben al metro, vuelven a los orígenes de la vida y se comportan como si aquello fuera un chiquipark y ellos fueran monos. (Podría haber dicho «la jungla» en lugar de «chiquipark», ¿verdad? PUES NO.) Van escalando barandillas, barras, asientos y, mientras lo hacen, van llamando la atención de su madre para que los mire. Suelen hacer ruido. Posibilidad de llanto estruendoso.

9. **Los fiesteros.** Suelen aparecer más bien durante las primeras horas de la mañana. Apestan a alcohol y a la poca dignidad que les queda en el cuerpo. Dentro de este grupo los hay de dos tipos: los animados, que son los que aún conservan energía para hacer el tonto, y los dormidos: los que ya no tienen fuerzas, sólo piensan en su cama y van dormiditos en el asiento o de pie.

10. **Los observadores.** No se pierden detalle de lo que va sucediendo. Te miran, te analizan y te juzgan. Si pueden intervenir en alguna situación, lo hacen, porque están al tanto de todos los detalles.

11. **Los sudados.** Estos son los que no quiere nadie cerca. No tienen por qué venir de hacer deporte, son así por naturaleza. Quieren acaparar todo el metro y marcar territorio para hacerlo suyo. Para ello, dejan que su olor impregne toda superficie y persona que haya por allí. Son los culpables del intenso olor a humanidad que a veces nos embriaga al subirnos al vagón.

Seguro que, según el día, abundarán más los pasajeros de un tipo que de otro. O incluso llega cualquier mañana y nos aparece uno nuevo. LA VIDA TE DA SORPRESAS, SORPRESAS TE DA LA VIDA.

Personalmente, creo que formo parte de los tres primeros tipos de personas. No suelen ser los tres a la vez, o, si a caso, puedo combinar lo segundo con lo tercero.

Escuchar música es lo que más hago. Me gusta evadirme y crearme mis *pelis*. A veces, si la canción lo transmite, me imagino a mí misma ligada con el tema. Sería padrísimo empezar a cantar y bailar en el vagón y que la gente me siguiera. Que nos supiéramos todos los pasos del baile superimprovisado e hiciéramos unas armonías con las voces que sería para grabarlo, oye.

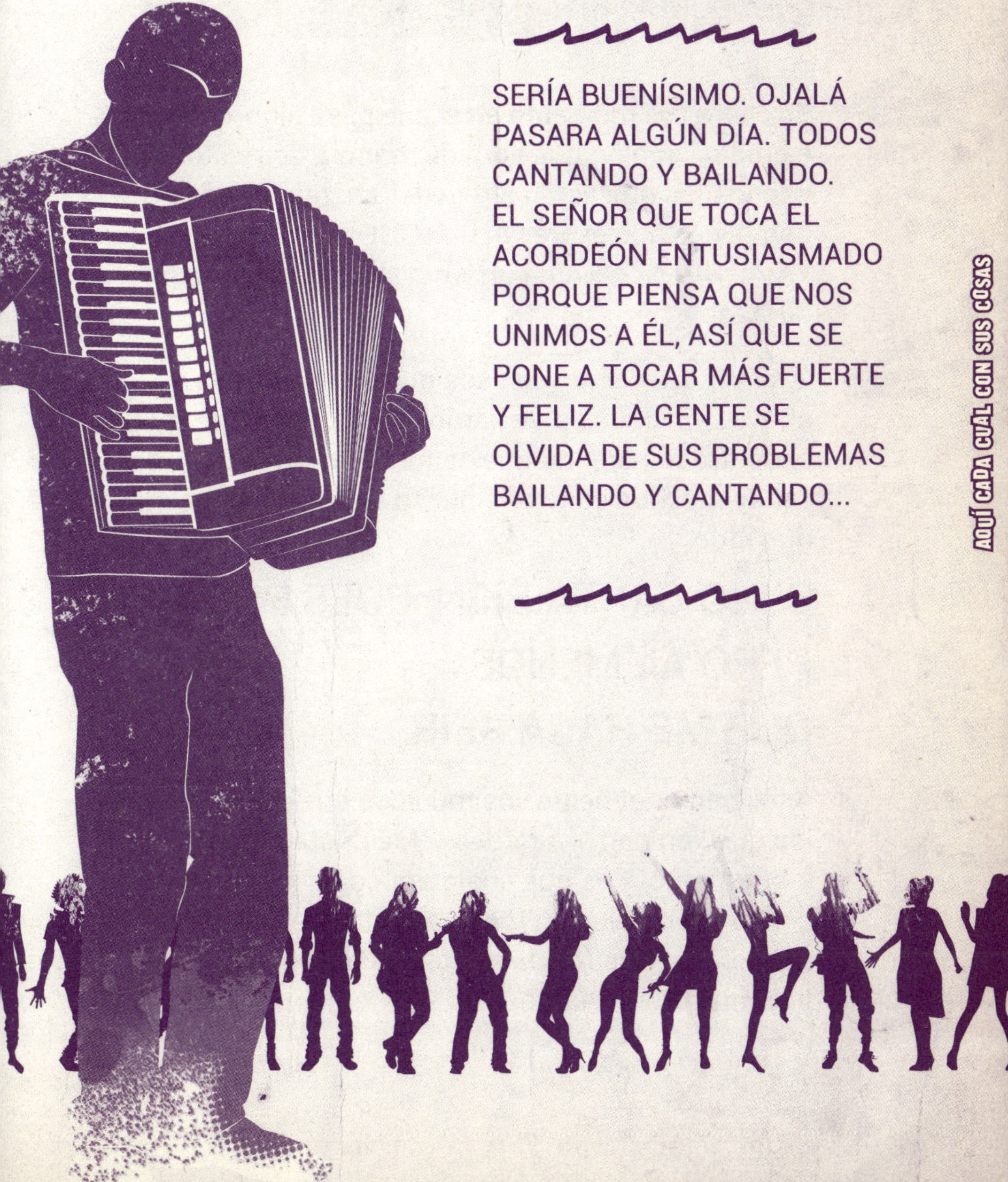

SERÍA BUENÍSIMO. OJALÁ PASARA ALGÚN DÍA. TODOS CANTANDO Y BAILANDO. EL SEÑOR QUE TOCA EL ACORDEÓN ENTUSIASMADO PORQUE PIENSA QUE NOS UNIMOS A ÉL, ASÍ QUE SE PONE A TOCAR MÁS FUERTE Y FELIZ. LA GENTE SE OLVIDA DE SUS PROBLEMAS BAILANDO Y CANTANDO...

Por el momento me tendré que conformar con mover la cabeza y el pie ligeramente al ritmo de la música e **imaginar la idílica situación.**

A VECES, CRUZAR MIRADAS CON LA GENTE NO TIENE POR QUÉ ASUSTAR NI NADA DE ESO.

Es padre ese momento en el que pasa algo, como, por ejemplo, un niño que llora de manera estrepitosa, y todos los que están alrededor cruzan miradas cómplices que expresan un «QUE ALGUIEN MATE YA AL NIÑO». Se crea un vínculo de asesino muy agradable.

O si hay un músico de esos que se ponen con el altavoz y la música de karaoke. Sinceramente, no he encontrado ninguno que cante demasiado bien, pero sí hay muchos con carisma y a veces eso pesa más que todo.

SI NO CANTA BIEN, PUES BUENO..., PERO AL MENOS **QUE ME HAGA REÍR.**

A mí, personalmente, los músicos que me ganan son los que van con el acordeón. Me gusta mucho este instrumento, y es que cualquier canción que toques con él queda bien. Si tocan alguna que te haga pensar en París (obviamente), ya me enamoro y le doy mi cartera y mi ropa.

✓ Luego están los que tocan la flauta de pan. Debe de haber algún acuerdo secreto entre ellos, porque SIEMPRE están interpretando la misma canción. ¿Esa que sale en *Kill Bill*? Se llama «The Lonely Shepherd». De verdad, si no saben a qué canción me refiero, la buscan y me darán la razón. Al menos en Barcelona siempre están tocando esa.

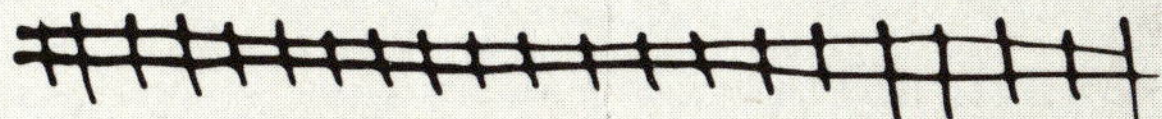

VOLVAMOS AL TEMA DE LOS ENAMORAMIENTOS QUE HEMOS COMENTADO AL PRINCIPIO. Digamos que llevas con el celular casi todo el trayecto, pero por un momento levantaste la vista. O bien porque es una parada y entró gente nueva, o porque sí. En ese momento es cuando la/lo ves... Esa chica o ese chico de belleza divina, digno de vivir en el mismísimo Olimpo compartiendo cama con Pegaso cuando era pequeñito (como en la *peli* de *Hércules*), que cuando duerme hace zzzzzz mimimimimimi zzzzzzz mimimimi... (EJEM... PERDÓN. Es que es muy adorable.)

Te encanta su cara, te encanta su cuerpo, te encanta todo de esa persona. Amigo mío, estás sufriendo el enamoramiento fugaz del metro.

A todos nos ha pasado. Todos nos hemos enamorado en el metro. ¿Te imaginas que nos acercáramos a hablar con la persona de la que nos enamoramos fugazmente? ¿Qué pasaría? Ahí hay posibles historias de amor preciosas que no ocurrirán nunca jamás, porque las probabilidades de volver a encontrarte con esa persona por algún otro lugar del mundo son ínfimas. «ÍNFIMAS» (esta es otra palabra que siempre me ha gustado mucho).

Si resulta que los dos se miran y se enamoran fugazmente el uno del otro, pues... Pues nada, porque eso no pasa. Al menos a mí nunca me ha pasado.

¿QUÉ? ¿QUE ES PORQUE SOY FEA? ¿QUE POR QUÉ NO ESTOY EN MORDOR AYUDANDO A QUE NAZCAN LOS URUK-HAI?

Eres cruel...

ES DIGNA DE COMENTAR TAMBIÉN LA LUCHA SALVAJE QUE SE PRODUCE CUANDO NO HAY ASIENTOS LIBRES y se levanta una persona en su parada. Ese asiento que cree que se ha quedado solo, triste y abandonado, sin ningún culo que lo caliente, de repente se siente MUY deseado por todas las personas que están cerca, de pie.

Se levanta la mujer que lo estaba ocupando y a los que están alrededor les salta la alarma. Parece que suena el cuerno de Gondor en la lejanía. Los interesados por ese valioso sitio se miran entre sí, desafiantes... Una batalla silenciosa se está librando en ese momento. La tensión se palpa en el ambiente. Se hace el silencio y uno de los que están luchando da el paso y ¡¡ZASCA!! Ya hay una señora sentada. Como es lógico, tiene más derecho que los que estaban librando una salvaje batalla mental. Lo mejor de todo es que esto sucede en milésimas de segundo. Hay que pensar rápido.

Como cuando tu novia te pregunta si ese vestido la hace ver gorda. NO HAY TIEMPO PARA LAS DUDAS.

Hay muchas preguntas que rodean todo el tema de viajar en metro.

- ✓ ¿Dejará algún día de subir el precio de los boletos?
- ✓ ¿Qué clase de vida tiene el perro del guardia que se pasea por los vagones?
- ✓ ¿Cuántos microorganismos viven en los tubos donde nos agarramos?
- ✓ ¿Cuántas enfermedades se pueden pescar si chupas uno de esos tubos?
- ✓ ¿Existe alguien que no haya saludado nunca a las cámaras de vigilancia de la estación?
- ✓ ¿Soy la única que, cuando espera en el andén y se acerca el metro, se aleja un poquito de la vía por si la empujan?
- ✓ ¿Habrá alguna estación de metro en el mundo que no tenga un pegote de serrín en el suelo?
- ✓ ¿Puede el conductor del metro ponerlo a toda hostia?
- ✓ ¿Qué haríamos si no tuviésemos nada con qué entretenernos y estuviéramos obligados a mirarnos los unos a los otros e incluso a socializar?

SOCIALIZAR. ¡¡¡POR DIOS, NO!!!

Todos estos misterios y muchos más quedarán sin resolver hasta el fin de los tiempos.

Pero hay una cosa que realmente es muy divertida en el del metro. El momento en el que tú estás esperando en el andén, llega el tren y poco a poco va frenando, hasta que una de las puertas para entrar al vagón queda

JUSTO DELANTE DE TI.

El *fuck yeah* que piensas en ese instante es real. REAL.

Yo creo que la fauna del metro es digna de estudio, aunque más digna de estudio es mi cara y nadie me dice nada.

(INSULTO GRATUITO A MÍ MISMA PARA TERMINAR EL CAPÍTULO. SE NOTA QUE SOY UNA EXPERTA.)

WHATSA

Maravilloso invento,

el Whatsapp.

Mensajes a todo el mundo,

gratis.

Ha abierto un puente gigante para la comunicación entre las personas.

Nos permite poder hablar con quien sea, donde sea. Es un tremendo avance, ¿eh?

PUES NO.

A simple vista puede parecer algo bueno para nosotros, pero el Whatsapp está rompiendo amistades, parejas, creando conflictos familiares y traficando con plutonio.

Quizá eso último lo inventé,
PERO PODRÍA SER PERFECTAMENTE.

Para empezar a abrir boca con todo lo que voy a decir sobre esta magnífica aplicación, ¿qué pasa con esa gente que en lugar de pedirte el teléfono te pide el whatsapp? ¿Se dieron un golpe muy fuerte en la cara con el celular cuando lo estaban mirando tumbados en la cama? ¿O es que acaso la pantalla rota de su iPhone no los deja pensar con claridad? ¿No saben que el número que se usa para Whatsapp es el mismo que para llamar? ¿No saben que sólo tenemos UN número de teléfono por persona? A menos que seas un narcotraficante y, por trabajo, tengas que tener varias líneas, claro.

En fin..., dicho esto, vamos a organizar este capítulo por los distintos (pero complementarios) temas que quiero tratar aquí.

GO!

LOS GRUPOS

Esto está claro que se nos fue de las manos. Se nos fue lejos, además. Donde Cristo perdió la alpargata está esto de los grupos de whatsapp.

Que está bien tener uno con tus amigos, otro con tu familia, otro con los de clase y tal... pero hay puntos a los que no es necesario llegar. Hoy en día se hacen grupos de WA para TODO. Y cuando digo TODO, digo NAD...perdón: TODO. Todos tenemos ese grupo inútil, ¿verdad?

Hay muchos grupos en los que tienes que estar, pero desearías no haber estado nunca, como por ejemplo:

1. Ese grupo familiar en el que están tus padres, tus hermanos o hermanas (si tienes), tus primos, tíos, abuelos (sí, hay algunos que saben usar el WA). Ya sólo falta que se una el perro y están todos completos. Tú tienes un conocimiento medio-alto de las cosas que se cuecen por internet, pero, por norma, tu familia no, con lo cual van pasando chistes malos que tienen más años que el cagar, cadenas de mensajes graciosetes e

incluso estas cadenas que te avisan de que van a cerrar Whatsapp si no les pasas ese mensaje a 10 contactos tuyos. Lo peor es que se lo creen de verdad. Todo esto es un poco pasado, pero en fin, es tu familia y los quieres, qué se le va a hacer.

2. El grupo que se crea para hacer un trabajo de clase. Es ese grupo del cual deseas no recibir ninguna notificación nunca; te llega un mensaje y miras con miedo el celular por si es de ese grupo y, efectivamente, LO ES. Hay que organizarse y hacer el trabajo, con lo cual hay que estar activos. Siempre está el más pesado, el que quiere hacerlo todo bien y a buen ritmo (o la más pesada, claro, pero es que da palo siempre poner los dos géneros. Deberían inventar un género para cuando queramos referirnos a ambos, ¿no?).

ME APUESTO LO QUE QUIERAS A QUE TÚ NO ERES DE ESOS.

Que si lo eres, sin problemas, eh..., tan amigos. Pero creo que no es el caso. Me voy a aventurar a decir que tú eres ese que mira atemorizado el celular cada vez que recibes un WA, deseando que no sea de ese grupo.

Lo peor es que ahora SE PUEDE VER QUIÉN YA LEYÓ LOS MENSAJES. CON LO CUAL LIBRARSE ES IMPOSIBLE. Ahora hablaremos de eso...

3. Los grupos que se crean para organizar ocasiones especiales. Que sí, que es necesario. De ese modo todo el mundo habla con todo el mundo y no hace falta que el más implicado vaya haciendo de mensajero, pero el problema viene cuando ese evento ya pasó. Ese grupo SE QUEDA AHÍ, Y TÚ FORMAS PARTE DE ÉL. ¡¡EL HORROR!!

Como ya dije, ahora la gente sabe cuándo ya leíste un mensaje en Whatsapp. En las conversaciones individuales sale un doble *check* azul, muestra de que el mensaje fue enviado, recibido y leído. En los grupos, te quedas pulsando tu propio mensaje, le das a info y puedes saber quién lo recibió y quién lo leyó.

Vamos a ver, unas preguntitas que tenía yo...

→ ¿A QUÉ CLASE DE PERSONA CON EL ALMA NEGRA Y MALVADA SE LE OCURRIÓ AÑADIR ESTA FUNCIÓN EN WHATSAPP?

→ ¿TUVO UNA INFANCIA DIFÍCIL?

- ¿SIENTE RENCOR HACIA LA SOCIEDAD?
- ¿ATRAVESÓ ALGÚN TRAUMA QUE LO LLEVÓ A TENER ESE TIPO DE COMPORTAMIENTO? ¿ESTARÁ FALTO DE CARIÑO?
- ¿HIZO ESE CAMBIO ESTANDO BORRACHO?
- ¿ES QUE ACASO NO HABÍA NADIE EN SU ENTORNO PARA DECIRLE QUE NO LO HICIERA?
- ¿EMPRENDIÓ UN VIAJE PARA ENCONTRARSE A SÍ MISMO Y SE ILUMINÓ?
- ¿CREYÓ QUE LA RESPUESTA A TODAS ESAS DUDAS VITALES ERA JODERLE LA EXISTENCIA AL PERSONAL QUE USA WHATSAPP?
- ¿ES ALGUNA CLASE DE APUESTA?
- ¿FUE FRUTO DE UNA CONVERSACIÓN CON LOS AMIGOS QUE TERMINÓ EN UN «NO HAY HUEVOS»?
- ¿PUEDE DORMIR POR LAS NOCHES?
- ¿POR QUÉ SIEMPRE TENGO TANTAS PREGUNTAS PARA TODO?
- ¿PODRÉ CALLARME ALGÚN DÍA?

Me asaltan todas estas dudas porque no veo el motivo de tener este absoluto control sobre las conversaciones de la gente. Se pierde la magia de ignorar, de leer algo y no hacerle caso porque simplemente no te apetece contestar, SIN MÁS. No es porque la persona te caiga mal o porque estés ocultando algo. Es sólo que puede que no te venga bien contestar en ese momento o, sencillamente, ya contestarás. Con calma, carajo. Antes podías sentir esa libertad. La persona podía ver que habías recibido el mensaje, pero no si lo habías leído o no. Ya está, no hay necesidad de más. Tú podías seguir en tu rollo, hacer tus cosas, sin tener que preocuparte por si el otro se está rallando por no haber recibido respuesta. **La vida era mucho más sencilla...**

PUES NO. AHORA YA NO. AHORA HAY UN CONTROL ABSOLUTO.

Se han roto muchas familias por el maldito doble *check* azul del whatsapp. Vidas enteras destrozadas. Incluso ha habido muertos. Aunque eso será por otro motivo que no tiene nada que ver, claro. PERO LOS HA HABIDO.

Otro tema de control absoluto está en la última hora de conexión.

Muestra la última hora en la que estuviste conectado, para saber un poco lo que haces en todo momento.

Hay dos tipos de personas:
los que la tienen visible y los que no.

Si tienes la última hora de conexión visible, hay varias opciones que explican el porqué:

1. Eres una persona transparente, sin nada qué ocultar.
2. No tienes tanta vida social como para que a alguien le importe a qué hora estuviste conectado/a por última vez.
3. Sabes que, si tú no tienes disponible la última hora de conexión, tampoco puedes ver la de los demás, con lo cual prefieres sacrificarte por satisfacer ese lado metiche tuyo.
4. No sabías que se podía ocultar.

Si tienes la última hora de conexión oculta, los motivos cambian:

1. Tienes muchas cosas qué ocultar. No eres de fiar.
2. Eres una persona muy reservada con tus cosas y dueña absoluta de tu intimidad.
3. De ese modo, tu jefe no sabe que saliste de fiesta.
4. Trabajas para la CIA en misiones secretas.
5. Eres James Bond.
6. Huiste del país porque con el doble *check* azul y la última hora de conexión desarrollaste manía persecutoria, así que crees que todo el mundo te está observando y controlando.
7. Te gusta hacerte el/la interesante.
8. Quieres que la gente se pregunte por qué la tienes oculta. Te gusta hacer sufrir.
9. Eres un terrorista.
10. Te uniste a una secta.
11. Moriste.
12. Te fuiste a vivir al monte, dejando atrás toda forma de civilización.

13. Te hiciste voluntario para participar en Los Juegos del Hambre.

14. Eres Hitler resucitado.

15. Tienes superpoderes y lo quieres mantener en secreto.

16. En realidad eres un perro y no tienes ni idea de lo que estás haciendo con un celular.

Como ves, hay miles y miles de razones por las que tener la última hora de conexión oculta. Si tu caso es el que aparece como opción final y resulta que eres un perro..., ¡hola, un placer! Jamás había hablado con un perro sabiendo con certeza que me entiende. ¿Eres el perro de *Up*? Me encantARDILLA.

La cosa es que se crea una paradoja muy fuerte con esto de poder ocultar la última hora de conexión y los dobles *checks* azules. Si la persona va a saber sí o sí que ya leí lo que me escribió, ¿para qué tengo yo la última conexión oculta? ¿Para ser más misteriosa? Es que..., a ver..., se nota que esto no lo pensaron detenidamente. Son dos elementos que no van de la mano. ¿Por qué cuando pasan estas cosas parece que sólo la gente normal se da cuenta de ello? Es decir, ¿no se supone que estas empresas lo tienen todo controlado? ¿Que cuentan con un equipo de profesionales para ocuparse de estas cosas?

Creo que no es tan difícil percatarse de que estos dos conceptos no pueden ir juntos. No tiene sentido.

NO.
TIENE.
SENTIDO.

PIENSEN UN POQUITO, DE VERDAD.
SÓLO REQUIERE UN PEQUEÑO ESFUERZO MENTAL.

DOBLE CHECK AZUL ≠ ÚLTIMA HORA DE CONEXIÓN

¿ES QUE ACASO NO LO VEN?
¿ES QUE NADIE VA A PENSAR EN LOS NIÑOS?

Nos llevan al desastre y mientras sigan existiendo los grupos inútiles, más. Es que además hay grupos en los que estás por compromiso, ¿sabes? Esos grupos que se crearon por un motivo determinado, que ya no son útiles, que se usan poco...

GRUPOS EN LOS QUE NO HABLAS NUNCA, QUE NO USAS. GRUPOS A LOS QUE VAS A ESTAR ATADO/A

HASTA EL FIN DE LOS DÍAS.

Sería muy fácil darle al botón de «Eliminar y salir del grupo», pero realmente hay poca gente con valor para hacer eso.

Si se pudiera salir sin que nadie se enterara, entonces vale, pero es que aparece la notificación. «Pepito ha dejado el grupo», y venga..., todos a pensar mal de Pepito, cuando Pepito lo único que quiere es vivir en paz y tranquilo, sin grupos de WA inútiles que le atormenten las notificaciones.

¿VES? EN ESTO SÍ QUE PODRÍAN TRABAJAR: DEBERÍAN QUITAR LAS NOTIFICACIONES DE CUANDO ALGUIEN SALE DE UN GRUPO. QUE SÓLO SE PUDIERAN DAR CUENTA SI VAN A MIRAR A PROPÓSITO LA LISTA DE GENTE QUE ESTÁ METIDA. ESO SÍ QUE ES UN BUEN CAMBIO. Y COHERENTE CON EL TEMA DE LA ÚLTIMA CONEXIÓN.

Los grupos son las causas de muchas desilusiones también. Esto que estás esperando un mensaje de esa persona que te encanta y con la cual estás tonteando un poquito... Te llega una notificación, vas a mirar el celular con la ilusión por las nubes y ¡¡¡ZASCA!!!: es un mensaje de algún grupo perdido de la mano de Dios.

THE CHASCO IS REAL

Desde aquí propongo nuevos motivos para poder crear un grupo de WA.

Pero grupos que realmente pueden ser útiles y aportar algo a la gente que forma parte de ellos. Que no se diga que no ayudo a la sociedad.

1. Para informar a tus amigos de la hora a la que vas a cagar. Exactamente. Cada vez que vas al baño, pones el icono de la caquita feliz y listo (¿sabías que la caquita feliz es en realidad una viruta de chocolate?). Lo tenemos. Es el grupo perfecto. Nombre para el grupo: «Ano Activo».

2. Para dar las buenas noches cada día. Es necesario y lo sabes. Nombre: «A mimir» y una *smiley face* de esas sacando la lengua así: 😋 (odio profundamente esa carita).

3. Para dar los buenos días. Claro, no puede ser para una cosa sí y para la otra no. Nombre: «¡Buenos días, princesa!».

4. Para hablar sólo con memes. Si se usa texto, se elimina del grupo. Te aseguro que se puede mantener una conversación sólo con fotos de internet. Nombre: «Nope, it's Chuck Testa». Si eres capaz de hablar únicamente con memes, sabes quién es Chuck Testa. Si no, ¡Google es tu amigo!

5. Para decir constantemente «hay alguien detrás de ti». De ese modo, los integrantes de ese grupo se volverán paranoicos y completamente locos. Todo son ventajas. Nombre: «Qué grupo ni qué niño muerto (el que está detrás de ti)».

6. Para avisar de cuando se vea a alguien pelirrojo por la calle. Tendrá que haber foto o no será válido el aviso. Si no es pelirrojo natural, se elimina a la persona del grupo. Nombre: «Ginger Lovers».

7. Para el grupo de los chistes malos: se trata de ir soltando esos chistes que de lo malos que son hacen gracia. La verdad es que no me importaría formar parte de un grupo de estos. Nombre: «HUMOR».

8. Para compartir fotos de cachorritos adorables. Cuando tengas un mal día, sólo tendrás que abrir ese grupo y se te irán todas las penas. Nombre: «Cachorritos Adorables» (la verdad es que es claro a la par que no se me ocurría otro nombre).

Hay muchísimas más posibilidades, pero eso ya depende de la imaginación que tú tengas...

SEA COMO SEA, WHATSAPP SE HA CONVERTIDO EN UNA DE LAS HERRAMIENTAS MÁS USADAS PARA LA COMUNICACIÓN.

Lo de hablar cara a cara está sobrevalorado.

Ya llegó el día

más esperado

y querido

por todos.

No estoy hablando de los nuevos días inventados como el juernes o el miernes.

En serio, no hace gracia.

Dejen de usar esas palabras, por favor...

«¡POR FIN ES JUERNES!»

No, imbécil, no. No es juernes, es JUEVES, MALDITA SEA.

Finalmente, viernes, querido viernes... finalmente haces tu aparición.

El día en el que nos sentimos libres después de una dura semana de trabajo o clases, o de no hacer nada, también puede ser. La cuestión es que las energías de todas esas personas deseosas de fiesta se juntan para crear una bola enorme de

«hoy lo damos todo».

Llega el momento.

Llega la hora en la que quedaste con tus amigos por uno de esos grupos de Whatsapp salidos del mismísimo culo de Satán, así que toca prepararte para salir.

LA MANERA DE VESTIRTE DEPENDE DE DOS FACTORES:

dónde vas a ir y con quién. Si vas a un sitio de esos en los que no puedes entrar con tenis, pues te conviertes en Dani Martín y compones una canción. Si vas con gente a la que le gusta vestir bien para entrar a esos garitos, te tendrás que adaptar. Si no necesitas vestirte bien, pues perfecto, a tu rollo y punto. ¿Que tienes que ir desnudo/a?

Pues nada, a despelotarse, ya ves tú qué problema.

✓ Si eres chica y te tienes que arreglar, haz uso de toda la gama de maquillaje que tengas. Si es necesario, usa la escopeta de Homer para ir más rápido. De hecho, hay chicas que cuando salen parece que han hecho exactamente eso. Ponte esos tacones que te van a destrozar los pies nada más pisar la calle, un buen modelito y *p'alante.*

✓ Si no te tienes que arreglar (como es mi caso siempre que salgo de fiesta, yo paso), vas tranquila, cómoda, sin preocuparte de si vas a volver a casa con los pies o con dos muñones a la altura de los tobillos por desgaste.

Si eres chico, ponte gel, camisita y zapatitos. Peinados imposibles *swagger jagger maximum epic troll.* Si no, normalito y vas que chutas.

Al final, lo mejor es ir como a ti te dé la gana, claro.

Tanto si vas a un local al que hay que presentarse vestido como si no, las situaciones siempre son las mismas.

AUNQUE LA MONA SE VISTA DE SEDA, MONA SE QUEDA.

Llegas al lugar y la gran mayoría de las veces hay una cola para entrar. Si el sitio es famosete y ponen buena música o «buena música», eso se llena en seguida. Se forman en la cola y a esperar. Lo bueno de las colas es que vas haciendo amigos. Al menos, según mi experiencia, es lo que pasa. Tienen en común lo de que quieren entrar ya a celebrar que llegó el fin de semana y se respira buen rollete en el ambiente, (a menos que estés en un sitio chungo con gente violenta, que los hay).

Llega por fin tu turno de entrar y el portero, normalmente un armario empotrado de 2x2, te mira de arriba abajo y te registra el bolso/mochila/macuto/saco que lleves, en busca de alguna botella o arma.

Te sabe mal, porque justo ese día llevabas tu bazooka, tu arco y tus cuatro granadas, por si las moscas. Nunca se sabe lo que puede pasar. Esperas poder recuperarlos a la salida, pero algo te dice que eso no va a pasar.

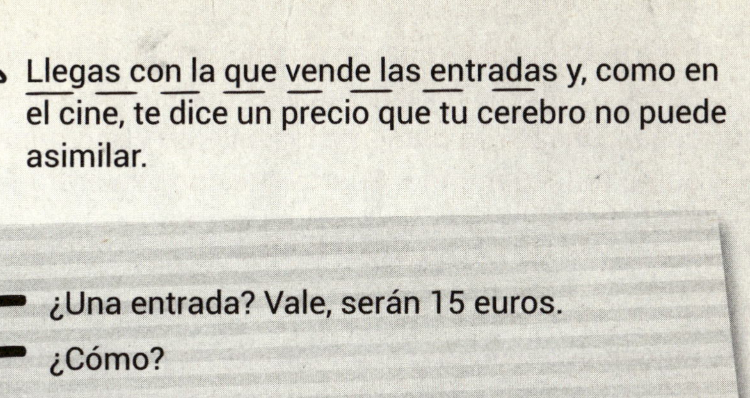

Llegas con la que vende las entradas y, como en el cine, te dice un precio que tu cerebro no puede asimilar.

- ¿Una entrada? Vale, serán 15 euros.
- ¿Cómo?
- 15 euros.
- ¿Tres euros?
- No, 15.
- ¿Un euro?
- 15.
- ¿Gratis?

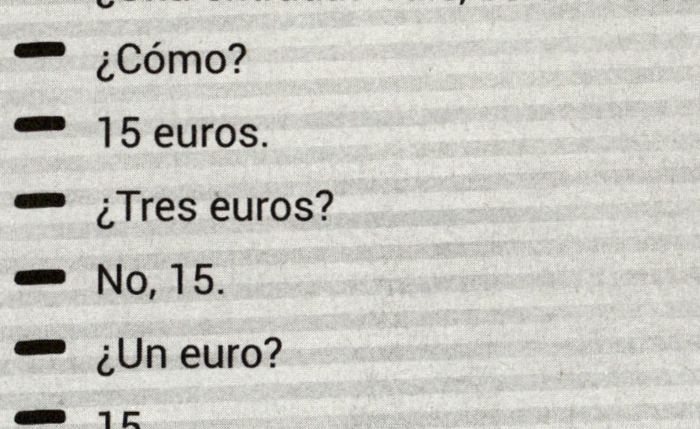

Para evitar problemas, en cuanto la que vende las entradas alce la mirada hacia el portero para que te echen, sacas rápidamente los billetes y apoquinas, como todo el mundo. Suerte que con esa entrada se incluye una bebida. SUERTE.

Sigues avanzando y, si es verano, no hay problema. No tienes 1,500 capas de ropa que quitarte, así que no necesitas hacer uso del guardarropa. Pero si es invierno, amigo mío, la has cagado, porque saben que te va a molestar el abrigo más que cuando se te meten las bragas/calzoncillos por el culo, así que se aprovechan.

Suele costar un euro la prenda, así que tú, en un alarde de tacañería, intentas pasar dos chaquetas como una sola prenda.

PERO, MALDITA SEA, ESTÁN ATENTOS.
LOS ENTRENAN PARA QUE ESO NO PASE.
La chica o el chico se da cuenta y, tranquilamente y sin cambiar su expresión, toma otro gancho, cuelga la chaqueta extra, te mira y te dice con recochineo: dos euros. Sólo le falta añadir: *tontillo*, y darte una palmadita en la espalda.

Bueno, te han fornicado sin consentimiento en la entrada y en el guardarropa, pero la cosa no termina ahí...

Llegas al meollo del asunto, al tema principal, a los cientos de jóvenes borrachos bailando un tema repetitivo y sin ningún tipo de aprecio por el arte. Que no digo que no me gusten algunas de esas canciones, ¿eh? Aquí cada cual con sus cosas.

Nada más entrar, ya puedes distinguir en esa jungla a los diversos tipos de personas que ahí se reúnen.

1. **Los pesados.** Esos que van a la discoteca por una sola cosa: intentar ligar como sea y con quien sea. Van probando, una a una o uno por uno, ya que esto abarca chicos y chicas. (¿Ves cómo es necesario un género para cuando te quieres referir a ambos sexos? Los pesadis, por ejemplo.)

La cosa es que, si no tienen suerte y no ligan nada a lo largo de la noche, empiezan a poner en práctica lo de **«EN TIEMPOS DE GUERRA, CUALQUIER AGUJERO ES TRINCHERA»**, con lo cual, se van con lo primero que pescan.

Sin miramientos, con el consecuente arrepentimiento del día siguiente, claro. Aunque eso, en ese preciso momento, no les preocupa en lo más mínimo.

2. **Los que van de guapos.** Son esos que van con la misma intención de los pesadis, pero sin ser pesadis, ¿sabes? Van de que son superguapos, de que no necesitan ligar para nada y no suelen mostrar un interés claro por nadie. ¿SABES QUÉ PASA CON ESTA TÁCTICA? Que funciona, maldita sea.

3. **Los tímidos.** Los que están en su rinconcito, casi sin hablar con nadie. Les cuesta hasta ponerse a bailar, ya que para ellos sería hacer el ridículo. No les suele gustar estar ahí.

Prefieren planes más tranquilitos, pero bueno, una noche es una noche y tampoco es que estén sufriendo.

4. **Los arrastrados.** Los que sí que NO quieren estar ahí ni de coña. Ellos habían propuesto otro plan en un principio, pero los demás querían ir, y no les quedó más remedio que ceder.

A menos que la cosa les sorprenda gratamente, estarán ahí con la misma actitud que los tímidos.

5. **Los recién dejados.** Esos que van con sus amigos a PARTIR LA NOCHE.
Los dejó el novio o la novia y deciden salir a olvidar, básicamente.

6. **El grupito.** Vinieron a pasarlo bien entre colegas, sin más. Se suelen cerrar y bailar para ellos mismos, haciendo un círculo y turnándose para alardear de unas cualidades para la danza no muy envidiables.

7. **Los *Fama*.** Bailan bien y lo saben. Con cada canción se acomodan en la pista y quieren dejar claro a todos los que están en la discoteca que SABEN BAILAR.

Más o menos podemos divisar esos perfiles en todo el local. Evidentemente, hay gente para todo, así que el asunto dependerá del lugar o incluso de nuestra percepción de las cosas, que podría verse alterada por según qué líquidos.

Y hablando de líquidos..., con suerte, la entrada que te dejó la cartera seca viene con bebida, así que haces lo propio y nada más entrar te acercas a la barra.

Ahí se respira la tensión y el estrés de los camareros. Que mira, yo he sido camarera y los entiendo perfectamente, así que, si puedo evitar estresarlos aún más con mi comportamiento, lo hago, que ya bastante tienen. Esos borrachuzos que les dejan la barra perdida con la bebida que acaban de tirar y, encima, les exigen otra gratis, porque, claro, se quedaron sin. No hagan eso, ¡por Dios! Aunque, bueno..., eso lo digo ahora que no estoy alterada por ninguna sustancia. Igual en estado de embriaguez hago esas cosas y lo digo ahora como defensora y tal,

pero...

EN FIN.

Te acercas a la barra con tu bebida gratis, le pides lo que sea al camarero y, si resulta que lo que quieres es una cuba libre, TE COBRAN UN EURO MÁS. Lo de la bebida es sólo si quieres refresco o cerveza. CLARO, CLARO. MUY LISTOS SON ELLOS. Total, que como siempre, ¿qué haces?

PUES APOQUINAS.

Te dan la bebida y llega el momento en el que te giras hacia la jungla que es la discoteca en ese instante y analizas la situación. Con tus amigos decides ir al centro, a bailar un poquito o a hacer el loco, que es lo que suelo hacer yo con mis amigos.

El truco está en no tomártelo en serio, lo mejor son las risas que te echas bailando como un gilipollas.

COMO UN AUTÉNTICO GILIPOLLAS. Ahí está la magia.

Si tuviera que clasificarme de algún modo, me metería en el apartado de «el grupito». Con los amigos, sin preocuparte por aparentar nada, sin buscar como locos alguien con quien ligar. Simplemente pasándolo bien. Estaría bien poder añadir «de manera sana», pero pasa poco eso de que alguien diga que no bebe. Seamos realistas, cuando se sale, se bebe.

Y ESTO ES ASÍ DESDE QUE EL MUNDO ES MUNDO.

Seguro que los de la Prehistoria, cuando salían y se montaban sus fiestas por haber cazado el mamut más grande o algo así, se hinchaban a cualquier sustancia que pudiera alterar su estado, como por ejemplo, yo qué sé..., pis de mono, veneno adulterado de cobra, semen de mamut o un coctel de esas tres cosas. ¿Asqueroso? Sí.

Pero seguro que se lo pasaban de coña y, oye, eso que se llevan.

Total, que estás ahí bailando, dándolo todo, riéndote, espantando a los/las que se te acercan (si lo hacen, porque lo que es a mí...) y ¡ZAS! Ganas de ir al baño aumentando... Te resistes, porque sabes que la cola suele ser interminable, pero si no quieres crear un charco en la pista de baile, te resignas y vas.

La cola del baño es digna de mencionar y analizar. Normalmente hay baños de chicos y de chicas, aunque en algunas discotecas son mixtos. Los chicos tienen la suerte de que entran, hacen lo que tienen que hacer y salen. Tal cual. En cosa de cinco minutos ya cumplieron su misión. NO SABEN LA SUERTE QUE TIENEN. DE VERDAD, NO LO SABEN, CHICOS. VALOREN ESO QUE TIENEN ENTRE LAS PIERNAS PORQUE LES EVITA LOS PROBLEMAS FEMENINOS A LA HORA DE USAR UN BAÑO PÚBLICO.

Para empezar, la cola de las chicas

es mucho más larga y lenta.

Es ahí cuando tienes la posibilidad de hacer amistades o, en el peor de los casos, enemistades. Nunca se sabe qué tipo de gente te vas a encontrar allí. Igual hay una chica que lleva media hora y no tiene el humor de aguantar nada.

No vayas tú a provocarla... NO QUIERES HACER ESO. Vamos a llevarnos bien y a ir con calma, ¿eh? Y, por la virgen de la teta al hombro, ni se te ocurra meterte. ESO JAMÁS.

Te vas haciendo amiguita de las que están ahí esperando, hasta que llega tu turno de entrar. Para empezar, tendrías que haberte llevado la canoa de casa, porque el charco que hay en ese baño podría permitir que el local anunciara su nueva piscina en los *flyers* que reparten. Intentas no embadurnarte de eso que —SEGURO— no es sólo agua (¡¡ay, qué asquito!!), y entras en el baño que esté libre...

AQUÍ EMPIEZA LO DURO DE SER MUJER.

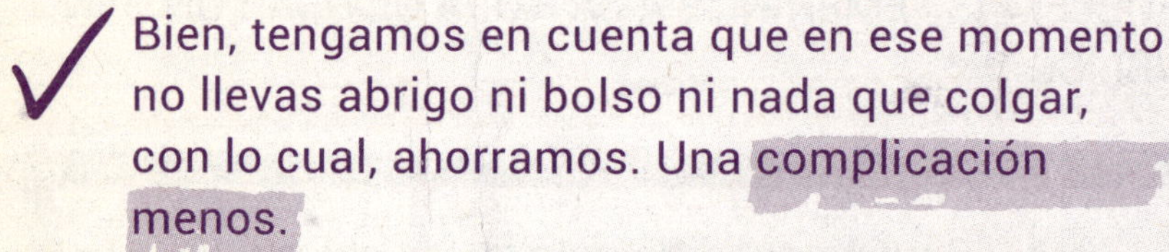

✓ Bien, tengamos en cuenta que en ese momento no llevas abrigo ni bolso ni nada que colgar, con lo cual, ahorramos. Una complicación menos.

✓ Te bajas los pantalones y no quieres tocar esa taza de váter portadora de todo tipo de enfermedades ni de loca, con lo cual usas toda la fuerza que tienes en las piernas para adoptar la posición «me siento en el aire». Pides por diosito no rozar la taza con tus piernas y que no te salpique nada.

✓ Enhorabuena, has cumplido tu misión. Ya puedes relajarte. Ahora sólo tienes que tomar algo de papel y...

CLARO. NO HAY PAPEL...
¿A QUÉ CLASE DE LOCO SE LE
OCURRE QUE PUEDE HABER
PAPEL EN UN BAÑO PÚBLICO?

En serio, hay que hacer algo con este tema.

El papel en un baño público se ve menos que un billete de 500 euros.

No puede ser que nunca o casi nunca haya papel en los baños. Que pongan un rollo de 5 km o que inventen algo, pero esto nos acabará destrozando la vida. Nos echaremos a la droga y empezaremos a robar pañuelos por las calles. Es muy serio.

No, no tienes papel, así que aquí se tiene que usar otra técnica llamada

shake it.

Se basa en eso. *Shake, shake, shake* y que sea lo que sea, oye. No puede una hacer milagros. De hecho, Taylor Swift se inspiró en este hecho para esa canción suya que habla justamente de eso.

Sales del baño lo más dignamente posible, compruebas que todo esté bien en el espejo y te vas de ese mundo lleno de peligros y bacterias.

La noche sigue. Los bailes estúpidos pero que te provocan carcajadas, los viajes a la barra, las putivueltas esporádicas, las odiseas al baño. En fin..., se van creando historias y anécdotas para repasar al día siguiente, hasta que llega la hora de irse.

Vuelves al guardarropa, rezando para no haber perdido el papelito que te dan para recuperar tus prendas. Lo tienes... UF. Te dan tu abrigo y te pones en marcha, ya en un estado de cansancio y un poco harto/a de todo aquello...

Si tienes suerte y tu casa está cerca,

ENHORABUENA,

eres la envidia de todos en ese momento, porque lo único que hay en la cabeza de aquellos que salen de la discoteca a última hora es esa maravillosa cama esperándoles en su habitación.

Bueno, eso si no lograron triunfar con alguno o alguna. En ese caso es otra cosa totalmente distinta la que tienen en la cabeza, aunque también incluya una cama... *If you know what I mean.*

Llegas a tu casa después de lo que te pareció una eternidad y, antes de romper la cama de lo fuerte que vas a dormir, tienes que atracar el refri.

Ahí es cuando sale a relucir nuestra creatividad más absoluta. La cosa va desde cocinar unos sencillos pero eficaces espaguetis, a mezclar cosas que en un estado normal no mezclaríamos... Queso con nata, yogur con pan, chorizo y chocolate... En fin, la cosa no tiene límites. Puede salir muy bien y a lo mejor acabas descubriendo un nuevo plato, o provocar que vayas corriendo al baño acto seguido. Es un *fifty-fifty*, pero merece la pena el riesgo.

Te miras al espejo y... Dios mío. Lo que al principio de la noche era la reina Elsa de Frozen se convirtió en la vieja que le da la manzana envenenada a Blancanieves. No sabes cómo ni cuándo pasó, pero PASÓ. Te preguntas si fuiste con esa cara toda la noche o fue cosa de la última hora. Deseas que haya sido esto último, aunque sea lo menos probable. De todas maneras, nadie se suele dar cuenta de eso, ya que todo el mundo está igual. Mal de muchos, consuelo de tontos, lo sé, pero tontos felices.

Total, que te vas a dormir con la esperanza de que mañana no te afecte nada de lo que has tomado, pero JAJAJAJAJA, PERMÍTEME QUE ME RÍA, MALDITA SEA.

Cuando abres los ojos al día siguiente, lo primero que piensas es si estás muerto y eso es el infierno... Lo segundo es AGUA y lo tercero es IBUPROFENO, porque ya se sabe...

«NOCHES DE DESENFRENO, MAÑANAS DE IBUPROFENO»

Esa primera horita después de despertarte es la peor, pero una vez el señor Ibu hace su efecto, la cosa va más suave. Lo que pasa es que la diferencia entre un trapo y tú es más bien poca, así que te queda pasar un dominguito viendo pelis en el sofá, con tu mantita si se necesita y buena compañía si tenemos la suerte...

Bienvenida Mrs. Resaca.

FIN